Michel Foucault
Short Cuts

Short Cuts 3 Herausgegeben von Peter Gente, Heidi Paris und Martin Weinmann

MICHEL FOUCAULT, geboren 1926 in Poitiers; Studium: Philosophie (u. a. bei Louis Althusser), Psychologie und Psychopathologie an der École normale supérieure (1946–49); »Aggrégation« in Philosophie (1951); Diplom in Psychologie (1952); Mitgliedschaft in der KPF (1952); Lektor an der Universität Uppsala (1951), Leitung des Centre Français der Universität Warschau, Direktor des Institut Français in Hamburg; Habilitation mit »Wahnsinn und Gesellschaft« (1961); Mitwirkung an einem bildungspolitischen Reformkonzept zur Neuordnung des gymnasialen und universitären Philosophieunterrichts unter Fouchet; Privatdozent und Professur an der Universität Clermont-Ferrand (1960–68), an der Universität Tunis (1966) und an der Reformuniversität Vinçennes Paris-VIII (1968–70); Lehrstuhl für Geschichte der Denksysteme am Collège de France (1970); Gründung der »Groupe d'information sur les prisons« (1971); Zusammenarbeit mit der sozialistischen Gewerkschaft CFDT; Aufenthalt an der Universität Berkeley (1983). Michel Foucault stirbt im Juni 1984 in Paris.

Michel Foucault
Short Cuts

Zweitausendeins

Aus dem Französischen von Peter Geble (9), Peter Gente (1), Marianne Karbe (7, 8), Hans-Joachim Metzger (12), Ulrich Raulff (3, 5, 6), Edith Seifert (10) und Walter Seitter (2, 4, 11, 13).

Originalausgabe.
1. Auflage, Februar 2001.

Lektorat: Martin Weinmann (Büro W, Wiesbaden).
Umschlaggestaltung: Sabine Kauf.
Satz und Herstellung: Dieter Kohler GmbH, Nördlingen.
Druck: Gutmann + Co GmbH, Talheim.
Einband: G. Lachenmaier, Reutlingen.
Printed in Germany.

Dieses Buch, einschließlich Schutzumschlag, Überzug und Vorsatz, wurde auf Recyclingpapier gedruckt, das zu 100% aus Altpapier besteht.

ISBN 3-86150-386-7

Das Motiv, das mich getrieben hat, ist sehr einfach. Manchen, so hoffe ich, könnte es für sich selber genügen. Es war Neugier – die einzige Art Neugier, die die Mühe lohnt, mit einiger Hartnäckigkeit betrieben zu werden: nicht diejenige, die sich anzueignen sucht, was zu erkennen ist, sondern die, die es gestattet, sich von sich selber zu lösen. Was sollte die Hartnäckigkeit des Wissens taugen, wenn sie nur den Erwerb von Erkenntnissen brächte und nicht in gewisser Weise und so weit wie möglich das Irregehen dessen, der erkennt?

Es gibt im Leben Augenblicke, da die Frage, ob man anders denken kann, als man denkt, und anders wahrnehmen kann, als man sieht, zum Weiterschauen oder Weiterdenken unentbehrlich ist. Man wird mir vielleicht sagen, daß diese Spiele mit sich selber hinter den Kulissen zu bleiben haben und daß sie bestenfalls zu den Vorarbeiten gehören, die von selbst zurücktreten, wenn sie ihre Wirkungen getan haben. Aber was ist die Philosophie heute – ich meine die philosophische Aktivität –, wenn nicht die kritische Arbeit des Denkens an sich selber? Und wenn sie nicht, statt zu rechtfertigen, was man schon weiß, in der Anstrengung liegt zu wissen, wie und wie weit es möglich wäre, anders zu denken?

Es ist immer etwas Lächerliches im philosophischen Diskurs, wenn er von außen den andern vorschreiben und vorsagen will, wo ihre Wahrheit liegt und wie sie zu finden ist, oder wenn er ihnen in naiver Positivität vorschreiben will, wie sie zu verfahren haben. Aber es ist sein Recht zu erkunden, was in seinem eigenen Denken verändert werden kann, indem er sich in einem ihm fremden Wissen versucht. Der »Versuch« – zu verstehen als eine verändernde Erprobung seiner selber und nicht als vereinfachende Aneignung des anderen zu Zwecken der Kommunikation – ist der lebende Körper der Philosophie, sofern diese jetzt noch das ist, was sie einst war: eine Askese, eine Übung seiner selber, im Denken.

Der maskierte Philosoph

Interview (1980)

Gestatten Sie mir zunächst, Sie zu fragen, warum Sie sich entschieden haben, anonym[1] zu bleiben?

Sie kennen sicher die Geschichte von den Psychologen, die in ein Dorf im hintersten Winkel Afrikas gezogen sind, um einen kleinen Testfilm zu zeigen. Nach der Vorführung bitten sie die Zuschauer, die Geschichte so zu erzählen, wie sie sie verstanden haben. Na ja, in dieser Story mit drei Personen hatte diese nur eines interessiert: das Gleiten der Schatten und Lichter durch die Bäume.
Bei uns bestimmen die Personen die Wahrnehmung. Die Augen richten sich vorzugsweise auf Gestalten, die kommen und gehen, auftauchen und verschwinden.
Warum ich Ihnen nahegelegt habe, daß wir die Anonymität benutzen? Weil ich mich nach den Zeiten sehne, in denen ich als Unbekannter noch die Chance hatte, mit dem, was ich sage, Gehör zu finden. Die Berührungsstelle

mit dem möglichen Leser war nicht vorgezeichnet. Die Wirkungen des Buchs tauchten an unerwarteten Orten auf, und es zeichneten sich Formen ab, an die ich nicht gedacht hatte. Mit dem Autorennamen macht man es sich einfach.

Ich schlage ein Spiel vor: das des »Jahres ohne Namen«. Ein Jahr lang soll man alle Bücher ohne Autorennamen veröffentlichen. Die Kritiker hätten mit einer rein anonymen Produktion klarzukommen. Aber vielleicht – wenn ich es mir recht überlege – hätten sie ja nichts zu sagen: Alle Autoren würden das nächste Jahr abwarten, um ihre Bücher zu publizieren.

Würden Sie sagen, daß die Intellektuellen heute zu viel reden? Daß sie uns mit ihren Diskursen bei jeder passenden und unpassenden Gelegenheit überschütten?

Intellektueller scheint mir ein seltsames Wort zu sein. Intellektuelle – ich habe noch nie welche getroffen. Ich habe Leute getroffen, die Romane schreiben, und andere, die mit Kranken arbeiten. Leute, die ökonomische Analysen machen, und andere, die elektronische Musik komponieren. Ich habe Leute getroffen, die lehren, Leute, die malen, und Leute, bei denen ich nicht so recht verstanden habe, ob sie überhaupt etwas machen. Aber Intellektuelle, nie.

Leute, die über den Intellektuellen reden, habe ich dafür jede Menge getroffen. Und durch vieles Zuhören konnte ich mir ein Bild davon machen, was dieses Lebewesen sein mag. Das ist nicht schwer herauszubekommen, es ist der, der Schuld hat. Schuld an allem Möglichen: zu sprechen, zu schweigen, nichts zu tun, sich in alles einzumischen … Kurz, wo es um Rechtsfindung, Aburteilen, Verurteilen und Ausschließen geht, muß der Intellektuelle her.

Ich finde nicht, daß die Intellektuellen zu viel reden, für mich gibt es sie ja nicht. Ich finde, daß der Diskurs über die Intellektuellen stark um sich greift und wenig Anlaß zur Ruhe gibt.

Ich habe eine gräßliche Angewohnheit. Wenn die Leute so daherreden, versuche ich mir vorzustellen, was das, umgeschrieben in die Realität, ergäbe. Wenn sie irgendeinen »kritisieren«, wenn sie vor seinen Ideen »warnen«, wenn sie »verurteilen«, was er schreibt, stelle ich sie mir in der idealen Situation vor, da sie alle Macht über ihn hätten. Die Wörter, die sie benutzen, lasse ich ihren Lauf zurück in einen ursprünglichen Sinn nehmen: »zerstören«, »umwerfen«, »zum Schweigen bringen«, »begraben«. Und ich sehe den strahlenden Staat am Horizont, in dem der Intellektuelle im Gefängnis säße und, wenn er außerdem noch Theoretiker ist, natürlich aufgehängt würde. Zugegeben, wir leben nicht in einem Regime, wo man die Intellektuellen zur Reisernte schickt; aber haben Sie nicht auch schon von einem gewissen Tonio Negri[2] reden gehört? Befindet er sich nicht im Gefängnis, weil und sofern er ein Intellektueller ist?

Was hat Sie also dazu gebracht, sich hinter der Anonymität zu verschanzen? Daß Philosophen ihren Namen zu einem Markenartikel machen oder machen lassen?

Das stört mich überhaupt nicht. Ich habe in den Gängen meines Gymnasiums große Männer in Gips gesehen. Und jetzt sehe ich unten auf der ersten Seite der Zeitungen das Foto des Denkers. Ich weiß nicht, ob sich die Ästhetik verbessert hat. Die ökonomische Effizienz dagegen ganz sicher …

Sehr ergreifend ist für mich ein Brief, den Kant in einem schon fortgeschrittenen Alter geschrieben hat: Er beeile sich, erzählt er, gegen das Alter und die schlechter werdenden Augen und die sich verwirrenden Gedanken ankämpfend, eines seiner Bücher zur Leipziger Messe fertigzustellen. Ich erzähle das, um zu zeigen, daß es völlig unerheblich ist, ob Publicity oder nicht, ob Messe oder nicht, das Buch ist etwas ganz anderes. Nie wird man mir weismachen, daß ein Buch schlecht ist, weil sein Autor im Fernsehen zu sehen war. Aber nie ist es aus ebendiesem Grunde auch schon gut.

Ich habe die Anonymität nicht gewählt, um diesen oder jenen zu kritisieren – das tue ich nie. Es ist ein Weg, mich direkter an den eventuellen Leser zu wenden, an die einzige Person, die mich interessiert: »Da Du nicht weißt, wer ich bin, bist Du nicht der Versuchung ausgesetzt, nach den Gründen zu suchen, warum ich sage, was Du liest; nimm Dir die Freiheit, Dir ganz einfach zu sagen: Das ist wahr, das ist falsch. Das gefällt mir, das gefällt mir nicht. Punkt, Schluß.«

Aber erwartet das Publikum nicht von der Kritik, daß sie ihm genaue Einschätzungen gibt über den Wert eines Werkes?

Ich weiß nicht, ob das Publikum wirklich erwartet, daß der Kritiker über Werke oder Autoren urteilt. Richter gab es wohl schon, bevor noch das Publikum hat sagen können, wozu es Lust hat.
Courbet soll einen Freund gehabt haben, der nachts aufwachte und schrie: »Richten, ich will richten.« Kaum zu glauben, wie scharf die Leute darauf sind zu richten. Überall und partout wird gerichtet. Wahrscheinlich handelt es sich hier um eines der einfachsten Dinge, wozu die Menschheit imstande ist. Wie Sie wissen, wird der letzte Mensch, wenn endlich sein letzter Feind verstrahlt und verglüht sein wird, einen wackeligen Tisch nehmen, sich dahinter stellen und beginnen, dem Verantwortlichen den Prozeß zu machen.
Ich kann nicht umhin, an eine Kritik zu denken, die nicht versuchte zu richten, sondern die einem Werk, einem Buch, einem Satz, einer Idee zur Wirklichkeit verhilft; sie würde Fackeln anzünden, das Gras wachsen sehen, dem Winde zuhören und den Schaum im Fluge auffangen und wirbeln lassen. Sie häuft nicht Urteil auf Urteil, sondern sie sammelt möglichst viele Existenzzeichen; sie würde sie herbeirufen, sie aus ihrem Schlaf rütteln. Mitunter würde

sie sie erfinden? Umso besser, umso besser. Die Kritik als Richtspruch langweilt mich; ich möchte eine Kritik mit Funken der Phantasie. Sie wäre weder souverän noch in roter Robe. Sie wäre geladen mit den Blitzen aller Gewitter des Denkbaren.

Es gibt also so viel kennenzulernen, so viele interessante Arbeiten, daß die Medien in einem fort von Philosophie reden sollten?

Sicher gibt es ein traditionelles Unbehagen zwischen der »Kritik« und denen, die Bücher schreiben. Die einen fühlen sich schlecht verstanden, und die anderen glauben, daß man sie bei der Stange halten will. Aber so ist das Spiel.

Mir scheint, daß wir uns heute in einer recht eigenartigen Situation befinden. Wir haben Institutionen des Mangels, während wir uns in einer Situation der Überfülle befinden. Jeder hat den Überschwang erlebt, der oft die Publikation (oder Neuauflage) von – übrigens manchmal interessanten – Büchern begleitet. Zumindest sind sie stets »die Subversion aller Codes«, das »totale Nein zur zeitgenössischen Kultur«, die »radikale Infragestellung aller unserer Denkgewohnheiten«. Ihr Autor muß ein verkannter Outsider sein.

Und dafür ist natürlich nötig, daß die anderen in die Nacht verwiesen werden, aus der sie niemals hätten auftauchen dürfen; sie waren nur der Abschaum »einer Mode,

für die man nur ein müdes Lächeln übrig haben kann«, nichts als ein Produkt der Institution etc.
Typisch für Paris, sagt man, und oberflächlich. Ich nehme darin eher die Wirkung einer tiefen Unruhe wahr. Das Gefühl des »kein Platz«, »er oder ich«, »jeder ist mal dran«. Man steht in einer Schlange wegen der extremen Enge der Räume, in denen man hören und sich Gehör verschaffen kann.
Daher eine Art Angst, die sich an tausend Symptomen zeigt, drolligen und weniger komischen. Daher bei denen, die schreiben, das Gefühl ihrer Ohnmacht angesichts der Medien, denen sie vorwerfen, die Welt der Bücher zu beherrschen und die, die ihnen gefallen oder mißfallen, existieren oder verschwinden zu lassen. Daher auch bei den Kritikern das Gefühl, daß sie sich kein Gehör verschaffen können, es sei denn, sie werden frecher oder zaubern jede Woche ein Kaninchen aus ihrem Hut. Daher auch eine Pseudopolitisierung, die hinter der Notwendigkeit, den »ideologischen Kampf« zu führen und »gefährliche Gedanken« aufzuspüren, die tiefe Angst versteckt, nicht gelesen und nicht gehört zu werden. Daher auch die phantasmatische Phobie vor der Macht: Wer schreibt, übt eine beunruhigende Macht aus, die man, wenn man ihr kein Ende machen kann, wenigstens in Schranken weisen muß. Daher gleichermaßen die ein wenig beschwörende Behauptung, daß gegenwärtig alles leer, öde, uninteressant und unbedeutend sei: eine Behauptung, die offensichtlich

von jenen kommt, die, da sie selbst nichts machen, finden, daß die anderen überflüssig sind.

Glauben Sie nicht auch, daß es unserer Zeit in der Tat an Geistern und großen Schriftstellern fehlt, die auf der Höhe ihrer Probleme wären?

Nein, ich glaube nicht an die alte Leier von der Dekadenz, vom Mangel an Schriftstellern, von der Sterilität des Denkens, von dem verhangenen und düsteren Horizont.
Ich glaube im Gegenteil, daß es eine Überfülle gibt. Und daß wir nicht an einer Leere leiden, sondern daran, daß es zu wenig Mittel gibt, um all das zu denken, was geschieht. Und dies in einer Zeit, in der es einen Überfluß an Dingen gibt, die man wissen will: wesentliche und schreckliche, wunderbare, ulkige, winzig kleine und ausschlaggebende, alles gleichzeitig. Und außerdem gibt es eine gewaltige Wißbegierde, ein Bedürfnis oder einen Wunsch nach Wissen. Man beklagt sich immer, daß die Medien die Leute manipulieren. Etwas Menschenverachtung steckt in dieser Vorstellung. Demgegenüber glaube ich, daß die Leute reagieren; je mehr man sie überzeugen will, desto mehr stellen sie sich Fragen. Der Geist ist nicht weich wie Wachs. Er ist eine reaktive Substanz. Und der Wunsch, mehr und besser und anderes zu wissen, wächst in dem Maße, wie man die Schädel vollstopft.
Wenn Sie das zugestehen und dem noch hinzufügen, daß sich an der Universität und anderswo eine Masse von

Leuten bildet, die als Drehscheibe zwischen dieser Masse von Dingen und dieser Wißbegierde dienen können, folgern Sie daraus schnell, daß die Arbeitslosigkeit der Studenten die absurdeste Sache ist, die es gibt. Das Problem besteht darin, die Informationskanäle, -brücken, -mittel, die Radio- und Fernsehnetze, die Zeitungen zu vervielfältigen.

Neugierde ist ein Laster, das zuerst vom Christentum, von der Philosophie und dann sogar von einer bestimmten Wissenschaftskonzeption stigmatisiert worden ist. Neugierde tändelt und beschäftigt sich mit Nichtigkeiten. Dennoch gefällt mir das Wort; es suggeriert mir etwas anderes: Es evoziert die »Sorge«; es evoziert, daß man sich um das, was existiert *und* was existieren könnte, bemüht; ein geschärfter Sinn fürs Wirkliche, der aber niemals vor ihm zur Ruhe kommt; eine Bereitschaft, das, was uns umgibt, fremd und einzigartig zu finden; eine gewisse Versessenheit, uns von dem uns Vertrauten zu lösen und die gleichen Dinge anders zu betrachten; eine Leidenschaft, das, was kommt und geht, zu ergreifen; eine Ungezwungenheit hinsichtlich der traditionellen Hierarchien von Wichtig und Wesentlich.

Ich träume von einem neuen Zeitalter der Wißbegierde. Man hat die technischen Mittel dazu; das Begehren ist da; die zu wissenden Dinge sind unendlich; es gibt die Leute, die sich mit dieser Arbeit beschäftigen möchten. Woran leidet man? Am »Zuwenig«: ungenügende, quasi-monopolisierte, knapp bemessene, enge Kanäle. Es geht nicht darum, eine protektionistische Haltung anzunehmen, um zu verhindern, daß die »schlechte« Information durchkommt und die »gute« steckenbleibt. Man müßte eher die Wege und Möglichkeiten vermehren. Kein Merkantilismus à la Colbert auf diesem Gebiet. Was nicht heißen soll, wie man oft befürchtet, Uniformisierung und Nivellierung von unten aus. Sondern im Gegenteil, Differenzierung und Gleichzeitigkeit unterschiedlicher Netze.

Ich könnte mir vorstellen, daß auf dieser Ebene Medien und Universität, statt weiterhin gegeneinanderzuarbeiten, dahin kommen könnten, komplementäre Rollen zu spielen.

Sie erinnern sich sicher an das herrliche Wort von Sylvain Lévi: Lehre ist, wenn man einen Hörer hat; sobald man zwei hat, ist es Vulgarisierung. Bücher, Universität, wissenschaftliche Zeitschriften sind auch Medien. Man muß sich hüten, als Medien nur jene Informationskanäle zu bezeichnen, zu denen man keinen Zugang haben will oder kann. Das Problem ist, zu wissen, wie man die Differenzen spielen lassen kann; zu wissen, ob man einen reservierten Bereich einrichten muß, einen »Naturschutzpark« für die zerbrechliche Gattung der von den großen Raubvögeln der Information bedrohten Wissenschaftler, während der Rest des Raums ein riesiger Markt für wertlose Produkte wäre. Eine solche Einteilung scheint mir an der Realität vorbeizugehen. Schlimmer noch: überhaupt nicht wünschenswert zu sein. Damit fruchtbare Differenzierungen ihr Spiel treiben, darf es keine Teilung geben.

Wagen wir ein paar konkrete Vorschläge. Wo soll man anfangen, wenn alles schlecht läuft?

Aber nein, es läuft nicht alles schlecht. Ich glaube jedenfalls, daß eine fruchtbare Kritik nicht mit den ständigen Klageliedern der Leute zu vermengen ist. Was die konkreten Vorschläge angeht, so können sie nur wie Gadgets erscheinen, wenn man nicht zuerst einige allgemeine Prinzipien zugesteht. Und vor allem dies: daß das Recht auf Wissen nicht einem Lebensalter und bestimmten Kategorien von Individuen vorbehalten sein darf, sondern daß man es ständig und in vielfältigen Formen muß ausüben können.

Ist dieser Wissensdurst nicht zweideutig? Was sollen die Leute denn schließlich mit all dem Wissen machen, das sie bekommen? Was können sie damit anfangen?

Es war eine Hauptfunktion des Unterrichts, die Bildung des Einzelnen mit der Bestimmung seines Platzes in der Gesellschaft zu verbinden. Heute müßte man den Unterricht so gestalten, daß er dem Einzelnen ermöglicht, sich nach eigenem Ermessen zu verändern, was aber nur unter der Bedingung möglich ist, daß die Lehre eine ständig angebotene Möglichkeit ist.

Kurz, sind Sie für eine Wissensgesellschaft?

Ich sage, daß der Anschluß der Leute an die Kultur nicht aufhören darf und so vielgestaltig als möglich sein soll. Es sollte nicht einerseits jene Bildung geben, die man erfährt, und andererseits jene Information, der man ausgeliefert ist.

Was wird in dieser Wissensgesellschaft aus der ewigen Philosophie? Braucht man sie noch, sie und ihre Fragen ohne Antwort und ihr Schweigen angesichts des Unerkennbaren?

Die Philosophie, was ist sie, wenn nicht eine Weise, nicht so sehr über das, was wahr oder falsch ist, zu reflektieren als über unser Verhältnis zur Wahrheit. Man beklagt sich manchmal, daß es in Frankreich keine herrschende Philosophie gibt. Umso besser. Keine souveräne Philosophie, das stimmt; aber immerhin eine Philosophie oder besser: Philosophie als *Aktivität.* Denn Philosophie ist eine Bewegung, mit deren Hilfe man sich nicht ohne Anstrengung und Zögern, nicht ohne Träume und Illusionen von dem freimacht, was für wahr gilt, und nach anderen Spielregeln sucht. Philosophie ist jene Verschiebung und Transformation der Denkrahmen, die Modifizierung etablierter Werte und all der Arbeit, die gemacht wird, um anders zu denken, um anderes zu machen und anders zu werden, als man ist. Unter diesem Gesichtspunkt waren die letzten dreißig Jahre eine Zeit intensiver philosophischer Aktivität. Die Interferenz zwischen der Analyse, der Forschung, der »wissenschaftlichen« bzw. »theoretischen«

Kritik und den Veränderungen im Verhalten, im wirklichen Verhalten der Leute, in ihrer Art und Weise zu sein, in ihrem Verhältnis zu sich selbst und anderen ist bemerkenswert und war stets vorhanden.

Philosophie, sagte ich eben, sei eine Weise, über unsere Beziehung zur Wahrheit nachzudenken. Das ist ergänzungsbedürftig; sie ist die Weise, sich die Frage zu stellen: Wenn dies das Verhältnis ist, das wir zur Wahrheit unterhalten, wie müssen wir uns dann verhalten? Unser Verhältnis zur Wahrheit und unsere Art, uns zu verhalten, stand und steht immer aktuell in beträchtlichem Maß und vielfältiger Hinsicht zum Umbau an. Auf komplexe Weise werden dabei eine ganze Reihe von Forschungen mit einem Ensemble von sozialen Bewegungen in Beziehung gesetzt. Das ist der Lebensnerv der Philosophie.

Daß manche über die gegenwärtige Leere jammern und wünschen, daß in der Ordnung der Ideen ein bißchen Monarchie herrsche, ist begreiflich. Aber alle, die in ihrem Leben irgendwann einmal einen neuen Ton angeschlagen, eine neue Weise, etwas zu sehen oder zu tun, gefunden haben, werden meiner Meinung nach nie das Bedürfnis haben, darüber zu lamentieren, daß die Welt ein Irrtum und die Geschichte voller Nichtigkeiten sei, und es ist Zeit, daß die anderen verstummen und man endlich das Schellengeläut der Verdammnis aus den Ohren bekommt …

Das Interview führte Christian Delacampagne

Andere Räume

Die große Obsession des 19. Jahrhunderts ist bekanntlich die Geschichte gewesen: die Entwicklung und der Stillstand, die Krise und der Kreislauf, die Akkumulation der Vergangenheit, die Überlast der Toten, die drohende Erkaltung der Welt. Im Zweiten Hauptsatz der Thermodynamik hat das 19. Jahrhundert das Wesentliche seiner mythologischen Ressourcen gefunden. Die aktuelle Epoche hingegen wäre vielleicht eher die Epoche des Raumes. Wir sind in der Epoche des Simultanen, wir sind in der Epoche der Juxtaposition, in der Epoche des Nahen und des Fernen, des Nebeneinander, des Auseinander. Wir sind, glaube ich, in einem Moment, wo sich die Welt weniger als ein großes sich durch die Zeit entwickelndes Leben erfährt, sondern eher als ein Netz, das seine Punkte verknüpft und sein Gewirr durchkreuzt. Vielleicht könnte man sagen, daß manche ideologischen Konflikte in den heutigen Polemiken sich zwischen den gläubigen Nachfahren der Zeit und den hartnäckigen Bewohnern des Raumes abspielen. Der Strukturalismus oder was man unter diesem ein bißchen allgemeinen Namen gruppiert ist der Versuch, zwischen den Elementen, die in der Zeit verteilt worden sein mögen, ein Ensemble von Relationen zu etablieren, das sie als nebeneinandergestellte, einander entgegengesetzte, ineinander enthaltene erscheinen läßt: also als eine Art Konfiguration; dabei geht es überhaupt nicht darum, die Zeit zu leugnen; es handelt sich um eine bestimmte Weise, das zu behandeln, was man die Zeit und was man die Geschichte nennt.

Indessen muß bemerkt werden, daß der Raum, der heute am Horizont unserer Sorgen, unserer Theorie, unserer Systeme auftaucht, keine Neuigkeit ist. Der Raum selber hat in der abendländischen Erfahrung eine Geschichte, und es ist unmöglich, diese schicksalhafte Kreuzung der Zeit mit dem Raum zu verkennen. Um diese Geschichte des Raumes ganz grob nachzuzeichnen, könnte man sagen, daß er im Mittelalter ein hierarchisiertes Ensemble von Orten war: heilige Orte und profane Orte; geschützte Orte und offene, wehrlose Orte; städtische und ländliche Orte (für das wirkliche Leben der Menschen). Für die kosmologische Theorie gab es die überhimmlischen Orte, die dem himmlischen Ort entgegengesetzt waren; und der himmlische Ort setzte sich seinerseits dem irdischen Ort entgegen. Es gab die Orte, wo sich die Dinge befanden, weil sie anderswo gewaltsam entfernt worden waren, und die Orte, wo die Dinge ihren Platz und ihre natürliche Ruhe fanden. Es war diese Hierarchie, diese Entgegensetzung, diese Durchkreuzung von Orten, die konstituierten, was man grob den mittelalterlichen Raum nennen könnte: Ortungsraum.

Dieser Ortungsraum hat sich mit Galilei geöffnet; denn der wahre Skandal von Galileis Werk ist nicht so sehr die Entdeckung, die Wiederentdeckung, daß sich die Erde um die Sonne dreht, sondern die Konstituierung eines unendlichen und unendlich offenen Raumes; dergestalt, daß sich der mittelalterliche Ort gewissermaßen aufgelöst fand: Der Ort einer Sache war nur mehr ein Punkt in ihrer Bewegung, so wie die Ruhe einer Sache nur mehr ihre unendlich verlangsamte Bewegung war. Anders gesagt: Seit Galilei, seit dem 17. Jahrhundert, setzt sich die Ausdehnung an die Stelle der Ortung.

Heutzutage setzt sich die Plazierung an die Stelle der Ausdehnung, die die Ortschaften ersetzt hatte. Die Plazierung wird durch die Nachbarschaftsbeziehungen zwischen Punkten oder Elementen definiert; formal kann man sie als Reihen, Bäume, Gitter beschreiben. Andererseits kennt man die Bedeutsamkeit der Probleme der Plazierung in der zeitgenössischen Technik: Speicherung der Information oder der Rechnungsteilresultate im Arbeitsspeicher einer Maschine, Zirkulation diskreter Elemente mit zufälligem Ausgang (wie etwa die Autos auf einer

Straße oder auch die Töne auf einer Telefonleitung), Zuordnung von markierten oder codierten Elementen innerhalb einer Menge, die entweder zufällig verteilt oder univok oder plurivok klassiert ist usw. Noch konkreter stellt sich das Problem der Plazierung oder der Lagerung für die Menschen auf dem Gebiet der Demographie. Beim Problem der Menschenunterbringung geht es nicht bloß um die Frage, ob es in der Welt genug Platz für den Menschen gibt – eine immerhin recht wichtige Frage –, es geht auch darum zu wissen, welche Nachbarschaftsbeziehungen, welche Stapelungen, welche Umläufe, welche Markierungen und Klassierungen für die Menschenelemente in bestimmten Situationen und zu bestimmten Zwecken gewährt werden sollen. Wir sind in einer Epoche, in der sich uns der Raum in der Form von Lagerungsbeziehungen darbietet.

Ich glaube also, daß die heutige Unruhe grundlegend den Raum betrifft – jedenfalls viel mehr als die Zeit. Die Zeit erscheint wohl nur als eine der möglichen Verteilungen zwischen den Elementen im Raum.

Trotz aller Techniken, die ihn besetzen, und dem ganzen Wissensnetz, das ihn bestimmen oder formalisieren läßt, ist der zeitgenössische Raum wohl noch nicht gänzlich entsakralisiert (im Unterschied zur Zeit, die im 19. Jahrhundert entsakralisiert worden ist). Gewiß hat es eine bestimmte theoretische Entsakralisierung des Raumes gegeben (zu der Galileis Werk das Signal gegeben hat), aber wir sind vielleicht noch nicht zu einer praktischen Entsakralisierung des Raumes gelangt. Vielleicht ist unser Leben noch von Entgegensetzungen geleitet, an die man nicht rühren kann, an die sich die Institutionen und die Praktiken noch nicht herangewagt haben. Entgegensetzungen, die wir als Gegebenheiten akzeptieren: z. B. zwischen dem privaten Raum und dem öffentlichen Raum, zwischen dem Raum der Familie und dem gesellschaftlichen Raum, zwischen dem kulturellen Raum und dem nützlichen Raum, zwischen dem Raum der Freizeit und dem Raum der Arbeit. Alle diese Gegensätze leben noch von einer stummen Sakralisierung.

Das – unermeßliche – Werk von Gaston Bachelard, die Beschreibungen der Phänomenologen haben uns gelehrt, daß wir nicht in einem homogenen und leeren Raum leben, sondern in einem Raum, der mit Qualitäten aufgeladen ist, der vielleicht auch von Phantasmen bevölkert ist. Der Raum unserer ersten Wahrnehmung, der Raum unserer Träume, der Raum unserer Leidenschaften – sie enthalten in sich gleichsam innere Qualitäten; es ist ein leichter, ätherischer, durchsichtiger Raum, oder es ist ein dunkler, steiniger, versperrter Raum; es ist ein Raum der Höhe, ein Raum der Gipfel, oder es ist im Gegenteil ein Raum der Niederung, ein Raum des Schlammes; es ist ein Raum, der fließt wie das Wasser; es ist ein Raum, der fest und gefroren ist wie der Stein oder der Kristall.

Diese für die zeitgenössische Reflexion grundlegenden Analysen betreffen vor allem den Raum des Innen. Ich möchte nun vom Raum des Außen sprechen.
Der Raum, in dem wir leben, durch den wir aus uns herausgezogen werden, in dem sich die Erosion unseres Lebens, unserer Zeit und unserer Geschichte abspielt, dieser Raum, der uns zernagt und auswäscht, ist selber auch ein heterogener Raum. Anders gesagt: Wir leben nicht in einer Leere, innerhalb derer man Individuen und Dinge einfach situieren kann. Wir leben nicht innerhalb einer Leere, die nachträglich mit bunten Farben eingefärbt wird. Wir leben in einer Gemengelage von Beziehungen, die Plazierungen definieren, die nicht aufeinander zurückzuführen und nicht miteinander zu vereinen sind. Gewiß könnte man die Beschreibung dieser verschiedenen Plazierungen versuchen, indem man das sie definierende Relationenensemble aufsucht. So könnte man das Ensemble der Beziehungen beschreiben, die die Verkehrsplätze definieren: die Straßen, die Züge (ein Zug ist ein außerordentliches Beziehungsgeflecht, denn er ist etwas, worin man herumgehen, etwas, womit man von einem Punkt zum anderen gelangen kann, und etwas, was seinerseits irgendwo vorbeifährt). Man könnte mit dem Bündel der sie definierenden Relationen die provisorischen Halteplätze definieren – die Cafés, die Kinos, die Strände. Man könnte ebenfalls mit seinem Beziehungsnetz den geschlossenen oder halbgeschlossenen Ruheplatz definieren,

den das Haus, das Zimmer, das Bett bilden ... Aber was mich interessiert, das sind unter allen diesen Plazierungen diejenigen, die die sonderbare Eigenschaft haben, sich auf alle anderen Plazierungen zu beziehen, aber so, daß sie die von diesen bezeichneten oder reflektierten Verhältnisse suspendieren, neutralisieren oder umkehren. Diese Räume, die mit allen anderen in Verbindung stehen und dennoch allen anderen Plazierungen widersprechen, gehören zwei großen Typen an.

Es gibt zum einen die Utopien. Die Utopien sind die Plazierungen ohne wirklichen Ort: die Plazierungen, die mit dem wirklichen Raum der Gesellschaft ein Verhältnis unmittelbarer oder umgekehrter Analogie unterhalten. Perfektionierung der Gesellschaft oder Kehrseite der Gesellschaft: Jedenfalls sind die Utopien wesentlich unwirkliche Räume.

Es gibt gleichfalls – und das wohl in jeder Kultur, in jeder Zivilisation – wirkliche Orte, wirksame Orte, die in die Einrichtung der Gesellschaft hineingezeichnet sind, sozusagen Gegenplazierungen oder Widerlager, tatsächlich realisierte Utopien, in denen die wirklichen Plätze innerhalb der Kultur gleichzeitig repräsentiert, bestritten und gewendet sind, gewissermaßen Orte außerhalb aller Orte, wiewohl sie tatsächlich geortet werden können. Weil diese Orte ganz *andere* sind als alle Plätze, die sie reflektieren oder von denen sie sprechen, nenne ich sie im Gegensatz zu den Utopien die *Heterotopien.* Und ich glaube, daß es zwischen den Utopien und diesen anderen Plätzen, den Heterotopien, eine Art Misch- oder Mittelerfahrung gibt: den Spiegel. Der Spiegel ist nämlich eine Utopie, sofern er ein Ort ohne Ort ist. Im Spiegel sehe ich mich da, wo ich nicht bin: in einem unwirklichen Raum, der sich virtuell hinter der Oberfläche auftut; ich bin dort, wo ich nicht bin, eine Art Schatten, der mir meine eigene Sichtbarkeit gibt, der mich mich erblicken läßt, wo ich abwesend bin: Utopie des Spiegels. Aber der Spiegel ist auch eine Heterotopie, insofern er wirklich existiert und insofern er mich auf den Platz zurückschickt, den ich wirklich einnehme; vom Spiegel aus entdecke ich mich als abwesend auf dem Platz, wo ich bin, da ich mich dort sehe; von diesem Blick aus, der sich auf mich richtet, und aus der Tiefe dieses virtuellen Raumes hinter dem Glas kehre ich zu mir zurück und beginne meine Augen wieder auf mich zu richten und mich da wieder einzufinden, wo ich bin. Der Spiegel funktioniert als eine Heterotopie in dem Sinn, daß er den Platz, den ich einnehme, während ich mich im Glas erblicke, ganz wirklich macht und mit dem ganzen Umraum verbindet und daß er ihn zugleich ganz unwirklich macht, da er nur über den virtuellen Punkt dort wahrzunehmen ist.

Was nun die eigentlichen Heterotopien anlangt: Wie kann man sie beschreiben, welchen Sinn haben sie? Man könnte eine Wissenschaft annehmen – nein, lassen wir das heruntergekommene Wort, sagen wir: eine systematische

Beschreibung, deren Aufgabe in einer bestimmten Gesellschaft das Studium, die Analyse, die Beschreibung, die »Lektüre« (wie man jetzt gern sagt) dieser verschiedenen Räume wäre, dieser anderen Orte, die den Raum, in dem wir leben, mythisch und real gewissermaßen bestreiten. Diese Beschreibung könnte *Heterotopologie* heißen.

Erster Grundsatz. Es gibt wahrscheinlich keine einzige Kultur auf der Welt, die nicht Heterotopien etabliert. Es handelt sich da um eine Konstante jeder menschlichen Gruppe. Aber offensichtlich nehmen die Heterotopien sehr unterschiedliche Formen an, und vielleicht ist nicht eine einzige Heterotopieform zu finden, die absolut universal ist. Immerhin kann man sie in zwei große Typen einteilen.

In den sogenannten Urgesellschaften gibt es eine Form von Heterotopien, die ich die Krisenheterotopien nennen würde; d.h., es gibt privilegierte oder geheiligte oder verbotene Orte, die Individuen vorbehalten sind, welche sich im Verhältnis zur Gesellschaft und inmitten ihrer menschlichen Umwelt in einem Krisenzustand befinden: die Heranwachsenden, die menstruierenden Frauen, die Frauen im Wochenbett, die Alten usw. In unserer Gesellschaft hören diese Krisenheterotopien nicht auf zu verschwinden, obgleich man noch Reste davon findet. So haben das Kolleg des 19. Jahrhunderts oder der Militärdienst für die Knaben eine solche Rolle gespielt – die ersten Äußerungen der männlichen Sexualität sollten »anderswo« stattfinden als in der Familie. Für die Mädchen gab es bis in die Mitte des 20. Jahrhunderts eine Tradition, die sich »Hochzeitsreise« nannte; ein althergebrachtes Phänomen. Die Defloration des Mädchens mußte »nirgendwo« stattfinden – da war der Zug, das Hotel der Hochzeitsreise gerade der Ort des Nirgendwo: Heterotopie ohne geographischen Kennpunkt.

Aber diese Krisenheterotopien verschwinden heute und sie werden, glaube ich, durch Abweichungsheterotopien abgelöst. In sie steckt man die Individuen, deren Verhalten von der Norm abweicht. Das sind die Erholungsheime, die psychiatrischen Kliniken; das sind wohlgemerkt auch die Gefängnisse, und man müßte auch die Altersheime dazu zählen, die an der Grenze zwischen der Krisenheterotopie und der Abweichungsheterotopie liegen; denn das Alter ist eine Krise, aber auch eine Abweichung, da in unserer Gesellschaft, wo die Freizeit die Regel ist, Untätigkeit eine Art Abweichung ist.

Der zweite Grundsatz dieser Beschreibung der Heterotopien ist, daß eine Gesellschaft im Laufe ihrer Geschichte eine immer noch existierende Heterotopie anders funktionieren lassen kann; tatsächlich hat jede Heterotopie ein ganz bestimmtes Funktionieren innerhalb der Gesellschaft, und dieselbe Heterotopie kann je nach der Synchronie der betreffenden Kultur so oder so funktionieren. Als Beispiel nehme ich die sonderbare Heterotopie des Friedhofs. Der Friedhof ist sicherlich ein anderer Ort im Verhältnis zu den gewöhnlichen kulturellen Orten; gleichwohl ist er ein Raum, der mit der Gesamtheit der Stätten der Stadt oder der Gesellschaft oder des Dorfes verbunden ist, da jedes Individuum, jede Familie auf dem Friedhof Verwandte hat. In der abendländischen Kultur hat der Friedhof praktisch immer existiert. Aber er hat wichtige Veränderungen durchlaufen. Bis zum Ende des 18. Jahrhunderts war der Friedhof im Herzen der Stadt, neben der Kirche, angesiedelt. Da gab es eine ganze Hierarchie von möglichen Gräbern. Da war der Karner, in dem die Leichen jede Individualität verloren; es gab ein paar individuelle Gräber; und dann gab es innerhalb der Kirche die Grüfte, die wieder von zweierlei Art waren: entweder einfache Steinplatten mit Inschrift oder Mausoleen mit Statuen usw. Dieser Friedhof, der im geheiligten Raum der Kirche untergebracht war, hat in den modernen Zivilisationen eine ganz andere Richtung eingeschlagen; ausgerechnet in der Epoche, in der die Zivilisation, wie man gemeinhin sagt, »atheistisch« geworden ist, hat die abendländische Kultur den Totenkult installiert.

Im Grunde war es nur natürlich, daß man in der Zeit, da man tatsächlich an die Auferstehung der Leiber und an die Unsterblichkeit der Seele glaubte, den sterblichen Überresten keine besondere Bedeutung zumaß. Sobald man jedoch nicht mehr ganz sicher ist, daß man eine Seele hat, daß der Leib auferstehen wird, muß man wohl dem sterblichen Rest viel mehr Aufmerksamkeit schen-

ken, denn schließlich ist er die einzige Spur unserer Existenz inmitten der Welt und der Worte.
Jedenfalls hat seit dem 19. Jahrhundert jedermann ein Recht auf seinen kleinen Kasten für seine kleine persönliche Verwesung; andererseits hat man erst seit dem 19. Jahrhundert begonnen, die Friedhöfe an den äußeren Rand der Städte zu legen. Zusammen mit der Individualisierung des Todes und mit der bürgerlichen Aneignung des Friedhofs ist die Angst vor dem Tod als »Krankheit« entstanden. Es sind die Toten, so unterstellt man, die den Lebenden die Krankheiten bringen, und es ist die Gegenwart, die Nähe der Toten gleich neben den Häusern, gleich neben der Kirche, fast mitten auf der Straße, es ist diese Nähe, die dem Tod neue Kundschaft wirbt. Das große Thema der Krankheit, die ihren Ansteckungsherd in den Friedhöfen hat, hat das Ende des 18. Jahrhunderts geprägt; und erst im Laufe des 19. Jahrhunderts hat man begonnen, die Verlegung der Friedhöfe in die Vorstädte vorzunehmen. Seither bilden die Friedhöfe nicht mehr den heiligen und unsterblichen Bauch der Stadt, sondern die »andere Stadt«, wo jede Familie ihre schwarze Bleibe besitzt.
Dritter Grundsatz. Die Heterotopie vermag an einen einzigen Ort mehrere Räume, mehrere Plazierungen zusammenzulegen, die an sich unvereinbar sind. So läßt das Theater auf dem Viereck der Bühne eine ganze Reihe von einander fremden Orten aufeinander folgen; so ist

das Kino ein merkwürdiger viereckiger Saal, an dessen Stirnseite man auf einer zweidimensionalen Leinwand einen dreidimensionalen Raum sich projizieren sieht. Aber vielleicht ist die älteste dieser Heterotopien mit widersprüchlichen Plazierungen der Garten. Man darf nicht vergessen, daß der Garten, diese erstaunliche Schöpfung von Jahrtausenden, im Orient sehr tiefe und gleichsam übereinandergelagerte Bedeutungen hatte. Der traditionelle Garten der Perser war ein geheiligter Raum, der in seinem Rechteck vier Teile enthalten mußte, die die vier Teile der Welt repräsentierten, und außerdem einen noch heiligeren Raum in der Mitte, der gleichsam der Nabel der Welt war (dort befanden sich das Becken und der Wasserstrahl); und die ganze Vegetation des Gartens mußte sich in diesem Mikrokosmos verteilen. Teppiche waren ursprünglich die Reproduktionen von Gärten: der Garten ist ein Teppich, auf dem die ganze Welt ihre symbolische Vollkommenheit erreicht, und der Teppich ist so etwas wie ein räumlich mobiler Garten. Der Garten ist die kleinste Parzelle der Welt und zugleich die Totalität der Welt. Der Garten ist seit dem ältesten Altertum eine selige und universalisierende Heterotopie (daher unsere zoologischen Gärten).

Vierter Grundsatz. Heterotopien sind häufig an Zeitschnitte gebunden, d. h. an etwas, was man symmetrischerweise Heterochronien nennen könnte. Die Heterotopie erreicht ihr volles Funktionieren, wenn die Menschen mit ihrer herkömmlichen Zeit brechen. Man sieht daran, daß der Friedhof ein eminent heterotopischer Ort ist; denn er beginnt mit der sonderbaren Heterochronie, die für das Individuum der Verlust des Lebens ist und die Quasiewigkeit, in der es nicht aufhört, sich zu zersetzen und zu verwischen.

Überhaupt organisieren und arrangieren sich Heterotopie und Heterochronie in einer Gesellschaft wie der unsrigen auf ziemlich komplexe Weise. Es gibt einmal die Heterotopien der sich endlos akkumulierenden Zeit, z. B. die Museen, die Bibliotheken. Museen und Bibliotheken sind Heterotopien, in denen die Zeit nicht aufhört, sich immer höher zu türmen und sich auf ihrer Spitze zu halten hat, während im 17. und noch bis zum Ende des 18. Jahrhunderts die Museen und die Bibliotheken Ausdruck einer individuellen Wahl waren. Doch die Idee, alles zu akkumulieren, die Idee, eine Art Generalarchiv zusammenzutragen, der Wille, an einem Ort alle Zeiten, alle Epochen, alle Formen, alle Geschmäcker einzuschließen, die Idee, einen Ort aller Zeiten zu installieren, der selber außer der Zeit und ihr nicht ausgesetzt sein soll, das Projekt, solchermaßen eine fortwährende und unbegrenzte Anhäufung der Zeit an einem unerschütterlichen Ort zu organisieren – all das gehört unserer Modernität an. Das Museum und die Bibliothek sind Heterotopien, die der abendländischen Kultur des 19. Jahrhunderts eigen sind.

Gegenüber diesen Heterotopien, die an die Speicherung der Zeit gebunden sind, gibt es Heterotopien, die im Gegenteil an das Flüchtigste, an das Vorübergehendste, an das Prekärste der Zeit geknüpft sind: in der Weise des Festes. Das sind nicht mehr ewigkeitliche, sondern absolut chronische Heterotopien. So die Festwiesen, diese wundersamen leeren Plätze am Rand der Städte, die sich ein- oder zweimal jährlich mit Buden, Schaustellungen, heterogensten Objekten, Kämpfern, Schlangenfrauen, Wahrsagerinnen usw. bevölkern. Jüngst noch hat man eine neue chronische Heterotopie erfunden, es sind die Feriendörfer: diese polynesischen Dörfer, die den Bewohnern der Städte drei kurze Wochen einer ursprünglichen und ewigen Nacktheit bieten. Sofern sich da zwei Heterotopien treffen, die des Festes und die der Ewigkeit der sich aufhäufenden Zeit, sind die Strohhütten von Djerba auch Verwandte der Bibliotheken und der Museen; denn indem man ins polynesische Leben eintaucht, hebt man die Zeit auf; aber ebenso findet die Zeit sich wieder, und die ganze Geschichte der Menschheit steigt zu ihrer Quelle zurück wie in einem großen unmittelbaren Wissen.

Fünfter Grundsatz. Heterotopien setzen immer ein System von Öffnungen und Schließungen voraus, das sie gleichzeitig isoliert und durchdringlich macht. Im allgemeinen ist ein heterotopischer Platz nicht ohne weiteres zugänglich. Entweder wird man zum Eintritt gezwungen,

das ist der Fall der Kaserne, der Fall des Gefängnisses, oder man muß sich Riten und Reinigungen unterziehen. Man kann nur mit einer gewissen Erlaubnis und mit der Vollziehung gewisser Gesten eintreten.
Übrigens gibt es sogar Heterotopien, die gänzlich den Reinigungsaktivitäten gewidmet sind – ob es sich nun um die halb religiöse, halb hygienische Reinigung in den islamischen Hammam handelt oder um eine Reinigung, wo es dem Anschein nach nur um Körperpflege geht, wie in den skandinavischen Saunen. Es gibt aber auch Heterotopien, die ganz nach Öffnungen aussehen, jedoch zumeist sonderbare Ausschließungen bergen. Jeder kann diese heterotopischen Plätze betreten, sitzt dabei aber nur einer Illusion auf: Man glaubt einzutreten und ist damit ausgeschlossen. Ich denke etwa an die berühmten Kammern in den großen Pachthöfen Brasiliens oder überhaupt Südamerikas. Die Eingangstür führte gerade nicht in die Wohnung der Familie. Jeder Passant, jeder Reisende durfte diese Tür öffnen, in die Kammer eintreten und darin eine Nacht schlafen. Diese Kammern waren so, daß der Ankömmling niemals mit der Familie zusammenkam. So ein Gast war kein Eingeladener, sondern nur ein Vorbeigänger. Dieser Heterotopietyp, der in unseren Zivilisationen praktisch verschwunden ist, ließe sich vielleicht in den Zimmern der amerikanischen Motels wiederfinden, wo man mit seinem Wagen und mit seiner Freundin einfährt und wo die illegale Sexualität zugleich

geschützt und versteckt ist: ausgelagert, ohne ins Freie gesetzt zu sein.

Der letzte Zug der Heterotopien besteht schließlich darin, daß sie gegenüber dem verbleibenden Raum eine Funktion haben. Diese entfaltet sich zwischen zwei extremen Polen. Entweder haben sie einen Illusionsraum zu schaffen, der den gesamten Realraum, alle Plazierungen, in die das menschliche Leben gesperrt ist, als noch illusorischer denunziert. Vielleicht ist es diese Rolle, die lange Zeit die berühmten Bordelle gespielt haben, deren man sich nun beraubt findet. Oder man schafft einen anderen Raum, einen anderen wirklichen Raum, der so vollkommen, so sorgfältig, so wohlgeordnet ist wie der unsrige ungeordnet, mißraten und wirr ist. Das wäre also nicht die Illusionsheterotopie, sondern die Kompensationsheterotopie, und ich frage mich, ob nicht Kolonien ein bißchen so funktioniert haben.

In einigen Fällen haben sie für die Gesamtorganisation des Erdenraums die Rolle der Heterotopie gespielt. Ich denke etwa an die erste Kolonisationswelle im 17. Jahrhundert, an die puritanischen Gesellschaften, die die Engländer in Amerika gründeten und die absolut vollkommene andere Orte waren.

Ich denke auch an die außerordentlichen Jesuitenkolonien, die in Südamerika gegründet worden sind: wundersame, absolut geregelte Kolonien, in denen die menschliche Vollkommenheit tatsächlich bis zur Vollendung

kam. Die Jesuiten haben in Paraguay Kolonien errichtet, in denen die Existenz in jedem Punkt geregelt war. Das Dorf war in einer strengen Ordnung um einen rechteckigen Platz angelegt, an dessen Ende die Kirche stand; an einer Seite das Kolleg, an der andern der Friedhof, und gegenüber der Kirche öffnete sich eine Straße, die eine andere im rechten Winkel kreuzte. Die Familien hatten jeweils ihre kleine Hütte an diesen beiden Achsen, und so fand sich das Zeichen Christi genau reproduziert. Die Christenheit markierte mit ihrem Grundzeichen den Raum und die Geographie der amerikanischen Welt. Das tägliche Leben der Individuen wurde nicht mit der Pfeife, sondern mit der Glocke geregelt. Das Erwachen war für alle auf dieselbe Stunde festgesetzt; ebenso die Arbeit; die Mahlzeiten waren um 12 und 5 Uhr; dann legte man sich nieder, und zur Mitternacht gab es das, was man das Ehewachen nannte; wenn also die Glocke des Klosters ertönte, erfüllte jeder seine Pflicht.
Bordelle und Kolonien sind zwei extreme Typen der Heterotopie, und wenn man bedenkt, daß das Schiff ein schaukelndes Stück Raum ist, ein Ort ohne Ort, der aus sich selber lebt, der in sich geschlossen ist und gleichzeitig dem Unendlichen des Meeres ausgeliefert ist und der, von Hafen zu Hafen, von Ladung zu Ladung, von Bordell zu Bordell, bis zu den Kolonien suchen fährt, was sie an Kostbarstem in ihren Gärten bergen, dann versteht man, warum das Schiff für unsere Zivilisation vom

16. Jahrhundert bis in unsere Tage nicht nur das größte Instrument der wirtschaftlichen Entwicklung gewesen ist (nicht davon spreche ich heute), sondern auch das größte Imaginationsarsenal. Das Schiff, das ist die Heterotopie schlechthin. In den Zivilisationen ohne Schiff versiegen die Träume, die Spionage ersetzt das Abenteuer und die Polizei die Freibeuter.

Die macht und die norm

Man müßte sich von vier Arten der Analyse von Macht freimachen:

1. dem theoretischen Schema der Aneignung der Macht, das heißt von der Vorstellung, daß die Macht etwas ist, was man besitzt – was einige Bestimmte besitzen – was andere nicht besitzen. Und daß es in der Gesellschaft eine Gruppe von Leuten gibt, eine Klasse, die die Macht besitzt und die die Bourgeoisie sein soll;
2. dem Thema der Lokalisierung der Macht, das heißt der Vorstellung, daß die politische Macht immer in einer bestimmten Anzahl von Elementen und im wesentlichen in den Staatsapparaten lokalisiert ist. Also dem Thema der Adäquation von Formen der Macht und politischen Strukturen;
3. dem Thema der Unterordnung, der Vorstellung also, daß die Macht eine bestimmte Art der Aufrechterhal-

tung, der Fortsetzung und der Reproduktion einer Produktionsweise ist; das heißt daß die Macht immer einer Produktionsweise untergeordnet ist, die, wenn schon nicht historisch, so doch analytisch stets vorgängig ist;

4. dem Thema, nach dem die Macht innerhalb der Ordnungen der Erkenntnis nie anderes als ideologische Wirkungen produziert.

ad 1) Die Formel »sie haben die Macht« mag politisch ihren Wert haben; zu einer historischen Analyse taugt sie nicht. Die Macht wird nicht besessen, sie zieht sich durch die feinsten Risse auf der ganzen Oberfläche des sozialen Feldes gemäß einem System von Relais, Konnexionen, Transmissionen, Distributionen etc. Die Macht wirkt durch kleinste Elemente: die Familie, die sexuellen Beziehungen, aber auch: Wohnverhältnisse, Nachbarschaft etc. So weit man auch geht im sozialen Netz, immer findet man die Macht als etwas, das »durchläuft«, das wirkt, das bewirkt. Sie kommt zur Wirkung oder nicht, das heißt, die Macht ist immer eine bestimmte Form augenblickhafter und beständig wiederholter Zusammenstöße innerhalb einer bestimmten Anzahl von Individuen. Die Macht wird deshalb nicht besessen, weil sie spielt, weil sie sich riskiert. Die Macht wird gewonnen wie eine Schlacht und genauso verloren. Im Herzen der Macht ist ein kriegerisches Verhältnis und nicht eines der Aneignung.

Die Macht ist niemals voll und ganz auf einer Seite. So wenig es auf der einen die gibt, die die Macht »haben«, so wenig gibt es auf der anderen Seite jene, die überhaupt keine haben. Die Beziehung zur Macht ist nicht im Schema von Passivität–Aktivität enthalten. Sicher gibt es innerhalb des gesellschaftlichen Feldes »eine Klasse«, die strategisch gesehen einen privilegierten Platz einnimmt und die sich durchsetzen kann, Siege einsammeln und eine Wirkung von Übermacht (sur-pouvoir) zu ihren Gunsten erlangen kann. Aber diese Wirkung gehört nicht zur Ordnung der Besitzerweiterung (sur-possession) oder des gesteigerten Profits (sur-profit). Macht ist niemals monolithisch. Sie wird nie völlig von einem Gesichtspunkt aus kontrolliert. In jedem Augenblick spielt die Macht in kleinen singulären Teilen.

So ist im 19. Jahrhundert das Problem des Arbeitersparens der Ort eines Machtkampfes gewesen. Seitens der Unternehmerschaft ist das Arbeitersparen aus dem Bedürfnis entstanden, die Arbeiterklasse räumlich und zeitlich an einen Produktionsapparat zu binden. Aber dieses von der Unternehmerstrategie durchgesetzte Arbeitersparen führte dazu, daß der Arbeiter fortan über eine gewisse Ansammlung von Mitteln verfügte, die es ihm ermöglichte zu streiken.

Man kann nicht Macht und Reichtum gleichsetzen: Macht ist eine permanente Strategie, die man auf dem Hintergrund des Bürgerkrieges denken muß. Man muß das Schema aufgeben, nach dem einigen per Vertrag die Macht vom Willen aller übertragen ist.

ad 2) Die Macht läßt sich nicht als etwas beschreiben, was in den Staatsapparaten lokalisiert wäre. Vielleicht reicht es nicht einmal zu sagen, daß die Staatsapparate der Einsatz in einem inneren oder äußeren Kampf sind. Der Staatsapparat ist eine konzentrierte Form – eine Hilfsstruktur –, das Instrument eines Systems von Mächten, die weit darüber hinausgehen, so daß praktisch gesehen weder die Kontrolle noch die Zerstörung des Staatsapparates ausreichen können, um einen bestimmten Machttypus zum Verschwinden oder zur Veränderung zu bringen.
Die Beziehung zwischen den Staatsapparaten und dem Mächtesystem, in dessen Innerem sie begriffen sind und funktionieren, erhellt sich, wenn man sich den Polizeiapparat der französischen Monarchie ansieht. Dieser Staatsapparat war tief in das Innere eines Machtsystems eingelassen. Es konnte nur »lettres de cachet« geben, und der Polizeiapparat konnte nur in dem Maße funktionieren, wie er sich mit einem System von Mächten verzahnte, die sich über die väterliche Autorität und das Wirken der lokalen und religiösen Gemeinschaften verteilten. Nur weil es dieses feine Netz von Mächten in der Gesellschaft gab, hat der neue polizeiliche Staatsapparat funktionieren können. Man hat gesehen, wie die Leute, die an der

Spitze solcher kleinen Pyramiden von Mächten standen, sich des Polizeiapparates bemächtigten, um ihn funktionieren zu lassen. In gleicher Weise funktionierte der Strafapparat im 19. Jahrhundert in Verbindung mit dem Disziplinarsystem, das seine Möglichkeitsbedingungen bildete, einem System, dessen Agenten die Unternehmer waren, die Aufseher in den Fabriken, die technischen Angestellten, die Beamten, die Vorarbeiter, die Vermieter, die Lieferanten, die dem Arbeiter Kredit gaben etc. Alle diese Elemente konstituieren ebenso viele Machtinstanzen, die dem Strafapparat erlauben werden zu funktionieren (man hat gesehen, wie durch eine Häufung kleiner, dem Staatsapparat fremder Strafen die Individuen in Richtung auf den Strafapparat gedrängt wurden, um dessen Objekte zu werden). Man muß die Mächtesysteme nicht nur von den Staatsapparaten, sondern auch von den politischen Strukturen trennen.

ad 3) Den Mächtesystemen eine derartige Ausdehnung zu geben heißt, sein Augenmerk auf das eigentliche Funktionieren der Macht auf sehr tiefem Niveau zu richten. In dem Moment kann man die Macht nicht mehr als Garanten einer Produktionsweise begreifen; tatsächlich ist die Macht eines der konstitutiven Elemente der Produktionsweise, sie funktioniert im Herzen der Produktionsweise. Wir haben gesehen, daß die Instrumente der Einsperrung (Fabrik, Gefängnisse, Asyle etc.) die Produktionsweise nicht nur stabilisieren, sondern sie konstituieren. Das erste Ziel der Einsperrung bestand ja in der Tat darin, die Lebenszeit der Arbeitszeit zu unterwerfen (1. Einbindung des Individuums in den Produktionablauf; 2. Unterwerfung unter den Produktionszyklus: Krisen, Arbeitslosigkeit; das Sparen wird zum Mittel dieser Unterwerfung werden; 3. System der Verschuldung und lokalen Kontrolle; die Arbeiter werden so lange an einer Stelle des Produktionsapparates festgehalten, bis die Arbeitskraft rentabel wird). Ein solcher Mechanismus geht weit darüber hinaus, eine Produktionsweise nur abzusichern. Er ist für sie konstitutiv.

Das Problem der Feudalgesellschaft bestand darin, durch Ausübung einer Souveränität die Erhebung der Rente zu sichern. Das Problem der industriellen Gesellschaft besteht darin zu erreichen, daß die Zeit der Individuen dem Produktionsapparat unter den verschiedenen Arten von Arbeitskraft integriert werden kann. Das heißt, es ist notwendig, daß die Zeit, die der Unternehmer kauft, nicht »reine« Zeit ist, sondern ganz klar die einer Arbeitskraft. Anders gesagt, es handelt sich darum, die Lebenszeit der Individuen als Arbeitszeit zu konstituieren.

Wenn es stimmt, daß es der ökonomischen Struktur, die sich durch die Akkumulation des Kapitals charakterisiert, eigen ist, Arbeitskraft in produktive Kraft zu verwandeln, so ist es das Ziel der Machtstruktur, die die Form der

Einsperrung annimmt, Lebenszeit in Arbeitskraft zu verwandeln. Die Einsperrung entspricht hinsichtlich der Macht dem, was auf seiten der Ökonomie Akkumulation des Kapitals heißt.

Es ist falsch, »mit jenem berühmten Nach-Hegelianer« zu sagen, daß die konkrete Existenz des Menschen die Arbeit ist. Denn das Leben und die Zeit des Menschen sind nicht von Natur aus Arbeit, sie sind: Lust, Unstetigkeit, Fest, Ruhe, Bedürfnisse, Zufälle, Begierden, Gewalttätigkeiten, Räubereien etc. Und diese ganze explosive, augenblickhafte und diskontinuierliche Energie muß das Kapital in kontinuierliche und fortlaufend auf dem Markt angebotene Arbeitskraft transformieren. Das Kapital muß das Leben in Arbeitskraft synthetisieren, was Zwang impliziert: Es belegt sie systematisch mit Beschlag. Die List der industriellen Gesellschaft bestand darin, zur Ausübung dieses Zwangs die alte abgenutzte Technik der Einschließung der Armen wieder aufzunehmen.

Die Einschließung der Armen im 17. und 18. Jahrhundert war eine Weise, diejenigen zu fixieren, die durch Müßiggang den demographischen Fixierungen, durch die die Souveränität ausgeübt wurde, entkamen. Diese alte Institution wird auf die ganze Gesellschaft verallgemeinert werden, sie wird benutzt werden, um die Individuen an die gesellschaftlichen Apparate anzuschalten, und so die Inbeschlagnahme ermöglichen, die ihrerseits konstitutiv sein wird für die kapitalistische Produktionsweise.

ad 4) Die Macht ist nicht begriffen in der Alternative: Gewalt oder Ideologie. Tatsächlich ist jeder Punkt der Machtausübung zugleich ein Ort der Wissensbildung. Und umgekehrt erlaubt und sichert jedes etablierte Wissen die Ausübung einer Macht. Anders gesagt, es gibt keinen Gegensatz zwischen dem, was getan, und dem, was gesagt wird.
So etwa in der administrativen Überwachung der Bevölkerungsgruppen in der Epoche der Klassik (Ausbildung des zentralisierten Staates). Im 17./18. Jahrhundert war in Frankreich diese Überwachung eine der Funktionen der Macht, die bestimmte Wissensarten (savoirs) entstehen ließ. *1. Ein Verwaltungswissen:* Diejenigen, die den Staatsapparat verwalteten, bildeten ein Wissen aus, das sie akkumulierten. Sie wußten aus Erhebungen, Beobachtungen, Erfahrungen, wie man Steuern erheben mußte, wie die Lasten zu kalkulieren waren, wer dazu neigte, sie nicht zu bezahlen. Sie wußten auch, aus welcher Bevölkerungsgruppe man Soldaten rekrutieren konnte etc ... *2. Ein Ermittlungswissen:* über die demographische Bewegung einer Region, über die handwerklichen und landwirtschaftlichen Techniken, über den Gesundheitszustand der Bevölkerungsgruppen. Diese Ermittlungen geschahen zunächst auf private Veranlassung hin; in der zweiten Hälfte des 18. Jahrhunderts (1760–70) nahm sie der Staat in die Hand. Die Königliche Gesellschaft für Medizin kodifizierte und verallgemeinerte die Untersuchungen

über die Gesundheit der Bevölkerungsgruppen, die früher Gegenstand unabhängiger Leute gewesen waren. Gleiches geschah mit den Untersuchungen über die industriellen Techniken etc. *3. Ein Inquisitionswissen:* die Arrestierung eines Individuums wurde stets von einem Bericht über sein Verhalten begleitet.

Ab dem 19. Jahrhundert werden diese Techniken wieder aufgenommen, und zwar in Funktion zweier großer Prinzipien:

1. Künftig wird jeder Träger von Macht ein Agent der Konstitution von Wissen sein. Das heißt, daß jeder Agent der Macht denen, die ihm die Macht übertragen haben, ein bestimmtes und der von ihm ausgeübten Macht entsprechendes Wissen wird zurückerstatten müssen. Das sieht so aus, daß einem gegebenen Befehl ein Bericht über die Art und Weise antworten muß, wie der Befehl ausgeführt wurde, über die Bedingungen, die seine Ausführung ermöglichten oder verhinderten, über die Wirkungen dieses Befehls und mögliche Korrekturen, die es vorzunehmen gälte. Die Präfekten, die Generalstaatsanwälte sind zur Abfassung von Berichten verpflichtet.

2. Der Bericht als Form der Beziehung zwischen Macht und Wissen. (Wenn in früheren Zeiten der Bericht existierte, dann höchstens punktuell und aufgrund einer Gewohnheit. Die Systematisierung, der institutionelle Charakter dieses Rückbezugs zwischen jedem Agenten der Macht und seinem Vorgesetzten ist ein Phänomen,

das in der Geschichte der Macht-Wissen-Beziehungen genauso wichtig gewesen ist wie die doppelte Buchführung in der mittelalterlichen Ökonomie oder die Erfindung der Rückkopplung in der modernen Technologie.) In Verbindung mit dem Berichtswesen kam es zur Einrichtung einer Serie von spezifischen Instrumenten der Abstraktion, der Verallgemeinerung, von Schätzungen und Statistiken. Die Statistik ist zu einer Wissenschaft des Staates geworden und wird so etwas wie der Soziologie Platz machen. (Man hat oft die Abstraktion einer philosophischen Kritik unterzogen oder die Geschichte der experimentellen Methode geschrieben. Man müßte die Geschichte der administrativen Herkunft (l'extraction) des Wissens schreiben.)

Es stimmt, daß man nicht das 19. Jahrhundert abzuwarten brauchte, damit die Macht sich mit einer bestimmten Anzahl von Ratschlägen und Kenntnissen erhellte, kurz, mit Diskursen von Individuen, die mehr oder weniger durch die Macht qualifiziert oder geschätzt waren. Daß die Souveräne sich mit Pädagogen umgaben, daß die Könige von Philosophen, Gelehrten oder Weisen beraten wurden, das stammt nicht aus dem 19. Jahrhundert. Aber vom 19. Jahrhundert an findet sich das Wissen als solches satzungsmäßig, institutionell mit einer bestimmten Macht ausgestattet. Innerhalb der Teilung von Handarbeit und intellektueller Arbeit hat das 19. Jahrhundert etwas Neues gebracht, das darin besteht, daß das Wissen, ausgestattet mit einer bestimmten Quantität Macht, in der Gesellschaft funktionieren muß. Eben dadurch, daß es Wissen ist, verfügt es über Macht, und es sind nicht der gute Wille der Macht oder ihre Neugierde, die sich dem Wissen öffnen.

Die Art und Weise, wie alle Stufen des Wissens durch den Schulapparat (und überhaupt alle Bildungsapparate) gemessen, kalkuliert und beglaubigt werden, ist Ausdruck davon, daß in unserer Gesellschaft ein Wissen berechtigt ist, Macht auszuüben.

Vom 19. Jahrhundert an wird jeder Gelehrte zum Professor oder zum Direktor eines Laboratoriums. Das heißt, daß die Person des »freischwebenden« Gelehrten (der keine andere Funktion in der Gesellschaft ausübt als die, die Wahrheit zu sagen oder Ratschläge zu erteilen) zugunsten desjenigen verschwindet, dessen Wissen sogleich durch die Macht beglaubigt wird, die er ausübt. In gleicher Weise sieht sich der Mediziner, der vom 19. Jahrhundert an Herr des Normalen und des Pathologischen ist, eine bestimmte Macht nicht nur über seinen Patienten, sondern über Gruppen, über die ganze Gesellschaft ausüben. Ein anderes Beispiel ist die Psychiatrie. Die Macht des Psychiaters wurde in Frankreich durch das Gesetz von 1838 institutionalisiert; indem es den Psychiater zum Experten machte, der bei jeder Internierungsmaßnahme zu konsultieren war, hat es das psychiatrische Wissen mit einem Machtquantum ausgestattet.

Man gibt leicht dem sozialen Feld eine gewisse Undurchsichtigkeit, wenn man dort auf nichts anderes zielt als auf die Produktion und das Begehren oder auf die Ökonomie und das Unbewußte. Tatsächlich aber gibt es eine ganze transparente Zwischenschicht zu analysieren, die sich enthüllt, untersucht man die Strategie der Macht, in denen die Soziologen nur das stumme System oder das Unbewußte der Regeln, die Epistemologen nur schlecht kontrollierte ideologische Wirkungen erblicken. Da genau kann man die perfekt geführten und kalkulierten Strategien der Macht sehen.
Das Strafrechtssystem (système pénal) ist ein Beispiel dafür. Denn in der Tat, solange man das Problem des Strafrechtssystems in Begriffen der Ökonomie stellt, kann keine Analyse, sei es des Gefängnisses, sei es der Randgruppen, von seiner Existenz Rechenschaft geben. Stellt man dagegen das Problem auf der Ebene des Verhältnisses von Macht und Wissen, so behindert keine trügerische Undurchsichtigkeit mehr die Analyse des Strafrechtssystems. Statt vom Strafsystem müßte man eigentlich vom Disziplinarsystem sprechen, das heißt von einer Gesellschaft ausgestattet mit einem Apparat, dessen Form die der Einsperrung und des Inbeschlagnehmens ist, dessen Ziel das der Konstitution von Arbeitskraft und dessen Instrument das der Ausbildung von Disziplin und Gewohnheiten ist. Seit dem 19. Jahrhundert haben sich eine Reihe von Apparaten entwickelt und verdunkelt, deren

Zweck es war, Disziplin zu fabrizieren, Zwänge aufzuerlegen, Gewohnheiten auszubilden. Was im Zuge dieser Entwicklung geschah, bildet die Vorgeschichte der Machtapparate, die als Sockel zum Erwerb von Gewohnheiten als sozialen Normen dienten.

Das Wort »Gewohnheit« hat in der Politik des 18. Jahrhunderts einen kritischen Gebrauch, der die Analyse der Institution, des Gesetzes, der Autorität erlaubt. Man bediente sich dieses Begriffes, um zu erfahren, in welchem Maße eine Institution, ein Gesetz oder eine Autorität begründet werden konnten. So funktioniert die Humesche Kritik, die sich des Begriffs »Gewohnheit« als Instrument bedient. Gebraucht man im 18. Jahrhundert diesen Begriff, so geschieht es, um alle traditionellen, auf einer Transzendenz begründeten Verpflichtungen zu eliminieren und sie durch die reine und einfache Verpflichtung des Vertrages zu ersetzen. Also Kritik der Tradition mit der »Gewohnheit«, um die sozialen Bande in Vertragsform zu bringen.

Im 19. Jahrhundert wird das Wort »Gewohnheit« in präskriptiver Weise gebraucht werden. Gewohnheit wird das werden, dem man sich zu unterwerfen hat. So gibt es eine ganze Ethik, begründet auf der Gewohnheit, die zu einer positiven Gegebenheit wird. Die Gewohnheit steht nicht mehr im gleichen Verhältnis zum Vertrag wie im 18. Jahrhundert, sie ist begriffen als Komplement des Vertrages. Im 19. Jahrhundert ist der Vertrag die juristische Form, gemäß der die Besitzenden sich untereinander verbinden. Er ist die Form, die das Eigentum eines jeden garantiert. Der Vertrag ist das, was dem Tausch eine juristische Form verleiht. Der Vertrag ist das, wodurch die Individuen Verbindungen (Ehen) knüpfen, ausgehend von ihrem Besitz. Mit anderen Worten, der Vertrag ist das Band der Individuen, sei es zu ihrem Besitz, sei es der Individuen untereinander durch ihren Besitz.

Gewohnheit ist auf der anderen Seite das, wodurch die Individuen an den Produktionsapparat gebunden werden müssen, Gewohnheit ist das, wodurch die Besitzlosen an einen Apparat gebunden werden, den sie nicht besitzen. Gewohnheit ist das Komplement des Vertrages für die, die nicht durch Besitz verbunden sind. So bindet der Apparat der Inbeschlagnahme die Individuen an den Produktionsapparat, indem er vermittels eines Spiels von Zwängen, Lehren und Strafen Gewohnheiten produziert. Dieser Apparat muß ein Verhalten fabrizieren, das die Individuen charakterisiert, er muß einen Nexus von Gewohnheiten schaffen, wodurch sich die soziale Zugehörigkeit der Individuen zu einer Gesellschaft bestimmt. Mit anderen Worten, dieser Apparat fabriziert so etwas wie die Norm.

Während die klassische Einsperrung einzelne Individuen außerhalb der Normen warf, während durch die gleichzeitige Einschließung von Kranken, Irren und Verbrechern etc. dieser Apparat Monstren zeitigte, fabriziert die moderne Einsperrung Norm. Konstitution der Arbeitskraft – Apparat der Inbeschlagnahme – Disziplinargesellschaft – permanente Funktion der Normalisierung: Das ist die Serie, die unseren Gesellschaftstyp charakterisiert. Wollte man das Mächtesystem bezeichnen, innerhalb dessen das Gefängnis funktioniert (symbolisch, konzentriert), so könnte man folgendes sagen:

Bis zum 18. Jahrhundert hatte man eine Gesellschaft, in der die Macht die sichtbare Form der Hierarchie und der Souveränität annahm. Diese Macht betrieb ihre Operation durch ein Ensemble von Markierungen, von Zeremonien. Dieser Macht entsprach eine Anzahl von Heldenerzählungen, deren Funktion es war, das Leben des Souveräns und seiner Ahnen zu überliefern, das heißt die Vergangenheit der Souveränität zu aktualisieren, um die Macht zu stärken. Die Geschichtsschreibung als Randdiskurs dieser Macht war eine der Machtfunktionen. Und selbst bei Saint-Simon, Voltaire etc. sucht die Geschichtsschreibung noch die Macht zu imitieren, immer noch wirkt – wenngleich jetzt umgekehrt – der Diskurs in diesem Gebiet.

Das, wodurch die Macht im 19. Jahrhundert wirkt, ist die Gewohnheit, die bestimmten Gruppen auferlegt wurde. Die Macht kann ihren Aufwand von früher aufgeben. Sie nimmt die hinterlistige, alltägliche Form der Norm an, so verbirgt sie sich als Macht und wird sich als Gesellschaft geben.

Die Rolle des Gedächtnisses der Macht im 17. Jahrhundert wird jetzt wieder aufgenommen durch das, was man gesellschaftliches Bewußtsein nennt. Dort eben wird Durkheim den Gegenstand der Soziologie finden; man vergleiche seine Theorie der Anomie, worin er sagt, daß das, was das Gesellschaftliche als solches ausmacht – im Gegensatz zum Politischen, das das Niveau der Entscheidungen, und zur Ökonomie, das das der Determination ist –, nichts anderes ist als das System des Zwangs, der »Disziplin«, was heißt, daß es das System der Disziplinierungen (système des disciplines) ist, durch das die Macht wirkt, aber nur indem sie sich verbirgt und sich als die Realität präsentiert, die jetzt ein zu durchlaufendes und zu beschreibendes Wissen ist und die die Gesellschaft als Gegenstand der Soziologie darstellt. Die Gesellschaft als Gegenstand der Soziologie ist, wie Durkheim gesagt hat, das System der Disziplinierungen. Dieses System muß im Innern der einem Mächtesystem eigenen Strategien analysiert werden können. Der Diskurs, der jetzt die Disziplinarmacht begleiten wird, wird der sein, der die Norm begründet, analysiert und spezifiziert, um sie präskriptiv zu machen. Der Diskurs des Königs kann verschwinden und ersetzt werden durch den Diskurs dessen, der die Norm vorgibt, dessen, der überwacht, der die Scheidung in das Normale und das Anormale vornimmt, das heißt durch den Diskurs des Lehrers, des Richters, des Arztes, des Psychiaters, schließlich und vor allem den Diskurs des Psychoanalytikers. Im assyrischen Reich wurden die Bedingungen für die Erneuerung der Macht gesichert durch einen bestimmten mythischen Diskurs, der periodisch die Genealogie und die Vergangenheit erzählte; heute ist an die Stelle des der Macht verbundenen Diskurses ein normalisierender Diskurs getreten: der der Humanwissenschaften.

Räderwerke des Überwachens und Strafens

Interview (1975)

Ein Anliegen von Überwachen und Strafen, *Ihrem Buch über Gefängnis und Strafjustiz, ist unter anderem, auf die Lücken der historischen Forschung hinzuweisen. So bemerken Sie, daß niemand die Geschichte des Examens geschrieben hat: Niemand hat daran gedacht, so unglaublich das auch ist.*

Wie die Philosophen und Literaturwissenschaftler sind auch die Historiker an eine Geschichte der Gipfel gewöhnt. Aber im Unterschied zu jenen sind sie heute eher bereit, sich auch mit einem »niedrigen« Material zu beschäftigen. Seit gut 50 Jahren wird dieses plebejische Material von den Historikern ernstgenommen, weshalb die Verständigung mit ihnen nicht so schwer ist. Sie werden niemals einen Historiker sagen hören, was irgendeiner in einer unglaublichen Zeitschrift, die sich *Raison présente* nennt, bezüglich Buffon und Ricardo gesagt hat: Foucault gibt sich nur mit mittelmäßigen Leuten ab.

Wenn Sie das Gefängnis studieren, scheinen Sie das Fehlen von Material, von Monographien über dieses oder jenes Gefängnis zu bedauern.

Zur Zeit wendet man sich wieder der Monographie zu – aber einer Monographie, die weniger als Analyse eines bestimmten Gegenstandes aufgefaßt wird, sondern eher als Versuch, die Punkte aufzuweisen, an denen sich ein Diskurs formiert hat. Wie würde heute eine Studie über ein Gefängnis oder eine psychiatrische Anstalt aussehen? Im 19. Jahrhundert hat man Hunderte davon gemacht, vor allem über die Spitäler, indem man die Geschichte der Institutionen, die Chronologie der Direktoren und dergleichen erforscht hat. Wer heute die Monographie eines Spitals schreiben würde, hätte das Archiv dieses Spitals in der Bewegung seiner Formierung sichtbar zu machen – als einen Diskurs, der sich entwickelt und dabei in die Entwicklung des Spitals eingreift, die Institutionen verändert und reformiert. Er würde versuchen, die Verflechtung des Diskurses in den Prozeß, in die Geschichte zu rekonstruieren, wie das etwa Jean Pierre Faye für den totalitären Diskurs getan hat.
Welche Texte und Quellen beigezogen werden sollen, ist natürlich ein Problem für meine Untersuchungen. Aber es stellt sich anders als etwa bei einer linguistischen Analyse. Beim Studium eines Mythos muß man die zu analysierenden Texte genau abgrenzen und die Kriterien dieser Abgrenzung angeben. In dem viel vageren Bereich, den

ich erforsche, ist die Textgrundlage in einem gewissen Sinn unbegrenzt: Man wird niemals dazu kommen, die Gesamtheit der über den Wahnsinn gehaltenen Diskurse zu vereinigen, auch wenn man sich auf eine Epoche und ein Land beschränkt. Auf der andern Seite hätte es keinen Sinn, sich beim Studium des Gefängnisses auf die Diskurse *über* das Gefängnis zu beschränken. Es gibt ja auch die Diskurse, die *aus* dem Gefängnis kommen, beispielsweise die Anordnungen und Reglements, die konstitutive Elemente des Gefängnisses sind. Denn das Gefängnis hat seine Strategien, seine ungesprochenen Diskurse und »Listen«, die niemandem zugerechnet werden können, die aber gelebt werden und die Institution in Gang halten. Das alles muß gesammelt und sichtbar gemacht werden. Und die Arbeit besteht meines Erachtens eher darin, diese Diskurse in ihren strategischen Verknüpfungen sichtbar zu machen, als darin, andere davon auszuschließen.

In der Geschichte der Repression ist für Sie ein Moment entscheidend: der Übergang von der Bestrafung zur Überwachung.

Ja. Es ist der Moment, in dem man merkt, daß es im Sinne der Ökonomie der Macht wirkungsvoller und einträglicher war zu überwachen als zu strafen. Dies hängt mit der zugleich raschen und langwierigen Formierung des neuen Systems der Machtausübung zusammen, die sich im 18. und zu Beginn des 19. Jahrhunderts vollzog.

Jedermann kennt die großen institutionellen Umwälzungen, die zur Veränderung der Delegierung von Macht an der Spitze des Staates und damit zum politischen Systemwechsel geführt haben. Aber wenn ich von der Mechanik der Macht spreche, denke ich an die feinsten Verzweigungen der Macht bis dorthin, wo sie an die Individuen rührt, ihre Körper ergreift, in ihre Gesten, ihre Einstellungen, ihre Diskurse, ihr Lernen, ihr alltägliches Leben eindringt. Das 18. Jahrhundert hat eine Form der Machtausübung entwickelt, die nicht *über* den Gesellschaftskörper wirkt, sondern ganz *in* ihm. Der offizielle Machtwechsel war auf Umwegen mit diesem Prozeß verbunden. Es handelt sich um einen grundlegenden Strukturwandel, der die Veränderung der kleinen Machtausübungen durchgängig ermöglicht hat. Andererseits hat die Formierung dieser neuen mikroskopischen Macht den Gesellschaftskörper auch dazu getrieben, bestimmte Elemente wie den Hof, die Person des Königs abzuwerfen. Die Mythologie des Souveräns wurde unhaltbar, sobald sich im Gesellschaftskörper eine bestimmte Form der Macht durchsetzte. Der Souverän wurde zu einer phantastischen Figur, die zugleich monströs und archaisch war.

Zwischen beiden Prozessen besteht also eine Beziehung, die allerdings nicht notwendig ist. So gab es in England dieselben Veränderungen der Mikromacht wie in Frankreich. Aber in England wurde die Rolle des Königs auf Repräsentationsfunktionen reduziert, nicht gestrichen.

Man kann also nicht sagen, daß die Veränderung auf der Ebene der Mikromacht eindeutig an Veränderungen der zentralisierten Staatsinstitutionen gebunden ist.

Sie zeigen, daß das Gefängnis, sobald es sich als Überwachungsanstalt konstituiert, das ausscheidet, wovon es sich als Institution speist: die Delinquenz.

Meine Hypothese ist, daß das Gefängnis von Anfang an auf die Umformung von Individuen abzielte. Gewöhnlich glaubt man, daß das Gefängnis eine Art Abstellplatz für Verbrecher war, dessen Nachteile sich dann herausstellten, bis man sich sagte, man müsse die Gefängnisse reformieren und aus ihnen Menschenveränderungsinstrumente machen. Das stimmt nicht. Die Texte, die Programme, die Absichtserklärungen sind da, von Anfang an. Das Gefängnis sollte ein Instrument sein, das ebenso perfektioniert und präzis wie die Schule, die Kaserne oder das Spital auf die Individuen wirken sollte.
Der Mißerfolg stellte sich alsbald ein und war von Anfang an unübersehbar. Bereits 1920 stellt man fest, daß das Gefängnis, statt die Kriminellen in rechtschaffene Leute zu verwandeln, nur neue Kriminelle produziert bzw. die Verbrecher noch tiefer in ihre Kriminalität hineintreibt. Von da an gab es, wie das im Mechanismus der Macht immer so ist, die Strategie, aus Nachteilen Vorteile zu ziehen. Das Gefängnis produziert Delinquenten, die schließlich sowohl im ökonomischen wie im politischen

Bereich nützlich sind. So spielen die Delinquenten ihre Rolle bei der Ausbeutung der sexuellen Lust: Der Aufbau der Prostitution im 19. Jahrhundert war nur mit Hilfe der Delinquenten möglich, die zwischen dem teuren Vergnügen und der Kapitalbildung vermittelten.

Ein anderes Beispiel: Bekanntlich hat Napoleon III. die Macht mit Hilfe einer Gruppe errungen, die zumindest auf ihrer untersten Ebene aus gewöhnlichen Delinquenten bestand. Und wenn man sieht, mit welcher Furcht und mit welchem Haß die Arbeiter des 19. Jahrhunderts den Delinquenten gegenüberstanden, so versteht man, daß diese gegen jene eingesetzt wurden: in politischen und sozialen Kämpfen, zur Überwachung, zur Unterwanderung, zum Verhindern oder Brechen von Streiks und so weiter.

Die Amerikaner des 20. Jahrhunderts waren also nicht die ersten, die die Mafia zu Arbeiten holten, bei denen man sich die Hände schmutzig macht.

Nein, keineswegs.

Es gab auch das Problem der Zwangsarbeit: Die Arbeiter fürchteten in dieser billigen Arbeit eine Konkurrenz, die ihren Lohn drückte.

Vielleicht. Aber ich frage mich, ob die Gefängnisarbeit nicht gerade zu dem Zweck eingeführt worden ist, um zwischen den Delinquenten und den Arbeitern diese für das Gesamtsystem so wichtige Entzweiung herbeizuführen. Die Bourgeoisie fürchtete ja gerade jene lächelnde und geduldete Gesetzwidrigkeit, die man noch im 18. Jahrhundert kannte. Denn wie grausam auch die Züchtigungen im 18. Jahrhundert gewesen sein mögen, so wurden doch die Verbrecher oder zumindest einige von ihnen von der Bevölkerung durchaus geduldet. Es gab keine autonome Delinquentenklasse. Ein Verbrecher wie Mandrin wurde auf seinen Streifzügen von der Bourgeoisie und von der Aristokratie ebenso wie von der Bauernschaft empfangen und beschützt. Sobald aber durch die Entwicklung des Kapitalismus die Reichtümer in Form von Rohstoffen, Maschinen und Werkzeugen in die Hände einfacher Leute gelangten, mußte dieser Reichtum unbedingt geschützt werden. In der Industriegesellschaft muß nämlich der Reichtum nicht unmittelbar in den Händen der Besitzenden sein, sondern in den Händen derer, die ihn durch Arbeit gewinnbringend machen. Wie kann man nun diesen Reichtum schützen? Am besten durch eine rigorose Moral: Daher jene gewaltige Moralisierungsflut, die sich im 19. Jahrhundert über die Bevölkerung ergoß, und die Christianisierungskampagnen, mit denen man die Arbeiter traktierte. Das Volk mußte als moralisches Subjekt konstituiert und folglich von der Delinquenz gesäubert werden: Die Gruppe der Delinquenten mußte abgesondert und als Quelle aller Laster und Gefahren nicht nur für die Reichen, sondern auch für die Armen abgestempelt werden. Damit hängt die Entstehung der Kriminalliteratur zusammen sowie die

Bedeutung der Kriminalberichterstattung in den Zeitungen mit ihren Schauergeschichten.

Wie Sie zeigen, waren die armen Schichten die Hauptopfer der Delinquenz.

Und umso mehr hatten sie Angst vor ihr.

Andererseits rekrutierte man die Delinquenz aus diesen Schichten.

Das große Instrument dieser Rekrutierung war das Gefängnis. Sobald jemand ins Gefängnis kam, setzte ein Mechanismus ein, der ihn entehrte; und wenn er entlassen wurde, mußte er entweder wieder straffällig werden – oder er rückte zum Zuhälter, zum Polizisten oder Spitzel auf. Auf jeden Fall hat das Gefängnis die Leute professionalisiert. Hatten im 18. Jahrhundert wilde Nomadenbanden das Land durchstreift, so gab es nun das geschlossene und von der Polizei durchsetzte Delinquentenmilieu, das ein städtisches Milieu war und eine wichtige politische und ökonomische Rolle spielte.

Mit Recht weisen Sie darauf hin, daß die Gefängnisarbeit nicht produktiv ist. Darum fragt man sich, welche Rolle sie denn in der Gesamtökonomie spielt.

In ihrer ursprünglichen Konzeption ist die Gefängnisarbeit nicht das Erlernen dieses oder jenes Berufs, sondern das Lernen der Arbeitstugend selber. Die Arbeit schlechthin, die Arbeit um der Arbeit willen, sollte den

Individuen die Idealform des Arbeiters verleihen. Dieses Ziel mag eine Chimäre sein: Es wurde jedenfalls von den Quäkern in Amerika (Schaffung der »workhouses«) und von den Holländern zum Programm erklärt. Gegen 1840 ist dann klar geworden, daß man die Delinquenten nicht bessern und tugendhaft machen wollte, sondern sie in einem bestimmten Milieu sammeln wollte, das eine Waffe zu ökonomischen oder politischen Zwecken sein konnte. Nun ging es nicht mehr darum, ihnen etwas beizubringen, sondern ihnen gerade nichts beizubringen, damit sie nach dem Verlassen des Gefängnisses zu keiner Berufstätigkeit imstande sein würden. Die Unbestimmtheit der Gefängnisarbeit, die anfänglich einem bestimmten Ziel diente, ist nun Element einer anderen Strategie.

Was halten Sie von dem überraschenden Phänomen, daß man heute von der Delinquenz wieder zur Gesetzwidrigkeit zurückkommt und auf diese Weise die Entwicklung des 18. Jahrhunderts rückgängig zu machen scheint?

Ich glaube tatsächlich, daß die große Intoleranz der Bevölkerung gegen den Delinquenten, die von der Moral und Politik des 19. Jahrhunderts durchgesetzt worden ist, allmählich abbröckelt. Verschiedene Formen von Gesetzwidrigkeit werden mehr und mehr akzeptiert. Und zwar nicht nur diejenigen, die in früheren Zeiten akzeptiert oder toleriert wurden, wie etwa Steuer- und Finanzdelikte, mit denen die Bourgeoisie noch nie auf Kriegsfuß stand. Sondern auch solche Verstöße wie Ladendiebstahl und Klauen im Kaufhaus.

Hat nicht gerade das Bekanntwerden der Steuer- und Finanzmachenschaften dazu geführt, daß sich das Verhältnis zu den kleineren Verstößen verändert hat? Vor einiger Zeit machte in *Le Monde* eine Statistik deutlich, daß die Finanzdelikte einen beträchtlichen wirtschaftlichen Schaden anrichten, aber nur mit wenigen Jahren Gefängnis sanktioniert werden, während Diebstähle (einschließlich gewaltsamer Überfälle) nur geringen Schaden verursachen, jedoch mit vielen Gefängnisjahren bestraft werden. Im Zeitungsartikel kam der Unmut über dieses Mißverhältnis klar zum Ausdruck.

Es handelt sich um eine schwierige Frage, die zur Zeit in den Gruppen ehemaliger Häftlinge diskutiert wird. Für das Bewußtsein der Leute, aber auch für das gegenwärtige Wirtschaftssystem erweisen sich Gesetzwidrigkeiten in einem bestimmten Rahmen als nicht kostspielig und durchaus tragbar. In Amerika weiß man, daß der Überfall ein ständiges Risiko ist, das die großen Kaufhäuser eingehen. Man schätzt seine Kosten ab und stellt fest, daß wirkungsvolle Überwachungs- und Schutzmaßnahmen zu teuer, also nicht rentabel wären. Man tut also nichts dagegen. Die Versicherungen kommen für den Schaden auf. All das gehört zum System.
Wird mit der Ausweitung solcher Gesetzwidrigkeiten die Grenze zwischen geduldetem Verstoß und entehrender Delinquenz prinzipiell in Frage gestellt – oder handelt es

sich nur um eine Lockerung des Systems, das angesichts seiner Festigkeit in seinen Randzonen manches zulassen kann, was es letzten Endes gar nicht beeinträchtigt? Zweifellos findet auch im Verhältnis, das die Leute zum Reichtum haben, eine Veränderung statt. Die Bourgeoisie hängt am Reichtum nicht mehr so wie im 19. Jahrhundert. Der Reichtum ist nicht mehr das, was man besitzt, sondern das, woraus man Gewinn zieht. Die Beschleunigung und Ausweitung der Güterzirkulation, das Abgehen von der Hortung, die Praxis der Verschuldung, die geringere Rolle des Grundbesitzes führen dazu, daß die Leute am Diebstahl nicht mehr Anstoß nehmen als an Betrug oder Steuerhinterziehung.

Es gibt auch eine andere Veränderung: Im 19. Jahrhundert hat man den Diebstahl und den Dieb verdammt (»Er stiehlt, weil er ein schlechter Mensch ist«). Heute sucht man eine Erklärung (»Er stiehlt, weil er arm ist«) und sagt auch, daß es schlimmer ist, wenn ein Reicher stiehlt, als wenn es ein Armer tut.

Ja, wenn es nur das gäbe, könnte man optimistisch sein. Aber birgt nicht gerade der erklärende Diskurs bestimmte Gefahren? Jemand stiehlt, weil er arm ist. Bekanntlich stehlen jedoch nicht alle Armen. Damit dieser eine zum Dieb wird, muß in ihm etwas stecken, was nicht stimmt: sein Charakter, seine seelische Veranlagung, seine Erziehung, sein Unbewußtes, sein Begehren. Und damit wird der Delinquent der Straftechnologie des Gefängnisses oder der medizinischen Technologie der Heilanstalt oder sonstwelcher verantwortlicher Personen überantwortet.

Die Verbindung, die Sie zwischen Strafjustiz und Medizin herstellen, dürfte bei einigen Leuten Anstoß erregen.

Wie Sie wissen, konnte man vor 15 Jahren mit solchen Äußerungen noch Anstoß erregen. Die Psychiater haben mir meine Arbeit über *Wahnsinn und Gesellschaft*[3] bis heute nicht verziehen; erst vor wenigen Tagen erhielt ich einen Brief mit Beschimpfungen. Aber abgesehen von solchen Verwundungen und dem schlechten Gewissen, das die Psychiater seit langem mit sich herumschleppen, wird eine derartige Analyse heute doch eher zugelassen.

Wie Sie zeigen, war die Medizin immer ein Hilfssystem der Strafjustiz. Und auch heute arbeitet der Psychiater mit dem Richter, dem Gericht, dem Gefängnis zusammen. Für einige jüngere Ärzte, die sich von diesen Verstrickungen zu lösen versuchten, trifft diese Behauptung vielleicht nicht zu.

Vielleicht. In *Überwachen und Strafen* habe ich übrigens nur einige Anhaltspunkte herausgearbeitet. Ich bereite zur Zeit eine Arbeit über die psychiatrischen Gutachten vor und werde Dossiers veröffentlichen, die zum Teil ins 19. Jahrhundert zurückreichen, zum Teil jüngeren Datums sind und die verblüffend sind.

Sie unterscheiden zwei Arten von Delinquenz, die eine endet bei der Polizei, die andere in der Ästhetik: Vidocq und Lacenaire.

Ich habe meine Analyse um 1840 enden lassen, weil mir diese Zeit sehr bedeutsam erscheint. Damals beginnt das lange Konkubinat zwischen der Polizei und der Delinquenz. Man hat das Versagen des Gefängnisses festgestellt. Man weiß, daß das Gefängnis nicht bessert, sondern im Gegenteil die Delinquenz und die Delinquenten produziert; und in dem Augenblick entdeckt man, welche Vorteile man daraus ziehen kann. Delinquenten können zu etwas nützlich sein – und sei es nur zur Überwachung der Delinquenten. Vidocq ist sehr charakteristisch dafür. Er kommt aus dem 18. Jahrhundert, der Zeit der Revolution und des Kaisertums, in der er Hehler, Zuhälter, Deserteur war. Er gehörte zu jenen Nomaden, welche die Städte, das Land, die Armee durchstreiften und umherzogen. Er verkörperte das Verbrechertum alten Stils. Dann wurde er vom System absorbiert. Er kam ins Zuchthaus, aus dem er als Spitzel entlassen wurde. Er wurde Polizist und schließlich Chef der Polizei. Er ist der erste große Delinquent, der als solcher vom Machtapparat eingesetzt wurde. Lacenaire hingegen weist auf ein ganz anderes Phänomen, das aber mit dem ersten zusammenhängt: das Phänomen des ästhetischen, literarischen Interesses, das man dem Verbrechen entgegenzubringen beginnt, die ästhetische Heroisierung des Verbrechens. Bis zum 18. Jahrhundert gab es zwei Arten, das Verbrechen zu heroisieren: die literarische, wenn (und weil) es sich um ein Verbrechen eines Königs handelte, und die volkstümliche, die man in den *Fliegenden Blättern* findet, welche die Großtaten Mandrins oder eines anderen Mörders erzählen. Diese beiden Arten hatten miteinander nichts zu tun.

Gegen 1840 taucht der Kriminalheld auf, der deswegen Held ist, weil er Krimineller ist. Die Bourgeoisie schafft sich damit ihre eigenen Kriminalhelden. Eben in dem Augenblick vollzieht sich der Einschnitt zwischen den Kriminellen und dem einfachen Volk: Der Kriminelle ist kein Volksheld, sondern ein Feind der armen Klassen. Das Bürgertum entwickelt seinerseits eine Ästhetik, in der das Verbrechen nichts Volkstümliches ist, sondern zu den Schönen Künsten gehört, deren allein das Bürgertum fähig ist. Lacenaire ist der Typ dieses neuen Kriminellen. Er ist bürgerlicher oder kleinbürgerlicher Herkunft, genießt, obwohl seine Eltern verarmt sind, eine höhere Bildung, kann lesen, schreiben. Und kann darum in seinem Milieu eine Führerrolle spielen. Bezeichnend ist die Art, in der er von den anderen Delinquenten spricht: Sie sind rohe Tiere, feige und ungeschickt. Lacenaire war das helle und kalte Hirn. So entsteht der neue Held, der für alle Zeichen und Werte der Bourgeoisie steht. Das führt uns zu Gaboriau und zum Kriminalroman, in dem der Verbrecher immer bürgerlicher Herkunft ist. Im Kriminalroman sieht man nie einen volkstümlichen Verbrecher. Der Verbrecher ist immer intelligent und steht mit der Polizei auf gleichem Fuß. Das Amüsante ist, daß

Lacenaire in Wirklichkeit armselig, lächerlich und ungeschickt war. Er hatte immer von einem Mord geträumt, brachte es aber nie so weit. Das einzige, wozu er fähig war, waren Erpressungen von Homosexuellen, denen er im Bois de Boulogne nachstieg. Sein einziges Verbrechen richtete sich gegen einen verhutzelten Alten, mit dem er im Gefängnis ein paar Schweinereien begangen hatte. Und um ein Haar wäre Lacenaire von seinen Zuchthauskameraden getötet worden, weil sie ihn – gewiß zu Recht – für einen Spitzel hielten.

Sie sagen, daß die Delinquenten nützlich sind. Aber für die meisten gehört Delinquenz eher zur Natur der Dinge als zu einer politisch-ökonomischen Notwendigkeit. Denn für eine industrielle Gesellschaft scheint die Delinquenz weniger rentabel zu sein als die produktive Arbeitskraft.

Um 1840 war die Arbeitslosigkeit eine Bedingung der Ökonomie. Arbeitskraft gab es mehr als genug. Aber der Gedanke, daß die Delinquenz zur Ordnung der Dinge gehört, gehört zweifellos auch zur zynischen Intelligenz des bürgerlichen Denkens im 19. Jahrhundert. Man mußte so naiv sein wie Baudelaire, um sich vorzustellen, daß die Bourgeoisie dumm und ängstlich sei. Sie ist intelligent und zynisch. Man muß nur lesen, was sie über sich selbst, oder noch besser, was sie über die anderen gesagt hat.
Von der Gesellschaft ohne Delinquenz hat man am Ende des 18. Jahrhunderts geträumt. Und dann war es aus damit! Die Delinquenz war zu nützlich, als daß man

den dummen und letztlich gefährlichen Traum von einer Gesellschaft ohne Delinquenz weiterträumen mochte. Ohne Delinquenz gibt es keine Polizei. Was macht denn die Anwesenheit der Polizei, die polizeiliche Kontrolle so annehmbar für die Bevölkerung – wenn nicht gerade die Furcht vor dem Kriminellen? Sie sprechen von einem überraschenden Vorteil. Die drückende Institution der Polizei, die relativ jung ist, ist nur dadurch gerechtfertigt. Wenn wir unter uns diese uniformierten Leute akzeptieren, die Waffen tragen, während wir dazu kein Recht haben, die unsere Papiere verlangen und vor unserer Haustür herumschleichen – wie wäre das möglich, wenn es nicht die Delinquenten gäbe? Und wenn nicht jeden Tag in den Zeitungen Artikel stünden, in denen man uns erzählt, wie zahlreich und gefährlich die Delinquenten sind?

Sie äußern sich sehr hart gegen die Kriminologie, gegen ihren »geschwätzigen und aufdringlichen Diskurs«.

Haben Sie schon Texte von Kriminologen gelesen? Das wirft Sie um. Ich sage das nicht aggressiv, sondern erstaunt, weil ich nicht verstehen kann, wie dieser Diskurs der Kriminologen auf diesem Niveau bleiben konnte. Er scheint für das System so nützlich und notwendig zu sein, daß er auf theoretische Rechtfertigung oder methodische Konsistenz verzichten zu können glaubt. Er ist einfach ein Gebrauchsartikel. Das Problem liegt darin, warum ein anscheinend gelehrter Diskurs für das Funktionieren des Strafsystems im 19. Jahrhundert so unverzichtbar geworden ist. Er ist notwendig geworden durch das seit dem 18. Jahrhundert übliche Alibi, demzufolge die Züchtigung jemanden nicht für seine Tat bestrafen, sondern in seinem Sein transformieren soll. Von diesem Moment an hat die Verurteilung (sei es zur Enthauptung, zum Gefängnis oder auch nur zu einer Geldbuße) wegen einer begangenen Tat keinen Sinn mehr. Sobald man die Idee der Rache fallen läßt (der Rache des Souveräns, der durch das Verbrechen in seiner Souveränität angegriffen war), kann die Strafe nur noch innerhalb einer Umformungstechnologie Sinn haben. Und die Richter sind, ohne es zu wollen und ohne sich darüber Rechenschaft abzulegen, allmählich von einem Urteil mit Strafbedeutung zu einem Urteil übergegangen, das sie selber nur noch im Hinblick auf eine »Reform« des Individuums rechtfertigen können. Aber die Instrumente, die man ihnen an die Hand gibt (Todesstrafe und Galeere, heute Zuchthaus und Gefängnis), reformieren bekanntlich gar nicht. Deswegen muß man Leute heranziehen, die über das Verbrechen und die Verbrecher einen Diskurs halten, der die fraglichen Maßnahmen rechtfertigen könnte.

Der kriminologische Diskurs dient also nur dazu, den Richtern den Anschein eines guten Gewissens zu verschaffen?

Ja. Er muß das Fällen von Urteilen legitimieren.

In Ihrem Buch über Pierre Rivière[4] handelt es sich um einen Verbrecher, der spricht, der schreibt. Aber im Unterschied zu Lacenaire ist er bis ans Ende seines Verbrechens gegangen. Wie haben Sie diesen erstaunlichen Text überhaupt gefunden?

Zufällig. Bei der systematischen Suche nach gerichtsmedizinischen und psychiatrischen Gutachten in den Zeitschriften des 19. und 20. Jahrhunderts.

Es kommt doch sehr selten vor, daß ein ungebildeter oder kaum gebildeter Bauer sich die Mühe macht, 40 Seiten lang sein Verbrechen zu erzählen und zu erklären.

Es ist wirklich eine sonderbare Geschichte. Gleichwohl kann man sagen, und das hat mich sehr erstaunt, daß es damals in den Gefängnissen ziemlich verbreitet war, sein Leben, seine Erinnerungen, seine Erlebnisse aufzuzeichnen. Der Philanthrop Appert, der als einer der ersten Zuchthäuser und Gefängnisse durchwanderte, ließ Häftlinge ihre Erinnerungen aufzeichnen; einen Text hat er auch veröffentlicht. In Amerika haben Ärzte und Richter eine ähnliche Rolle gespielt. Es war das die erste große Neugier nach jenen Individuen, die man umzuformen wünschte und für deren Umformung man ein bestimmtes Wissen, eine bestimmte Technik entwickeln mußte. Diese Neugier auf den Verbrecher gab es im 18. Jahrhundert überhaupt nicht. Damals wollte man nur wissen, ob der Angeklagte wirklich getan hatte, was man ihm vorwarf. War das festgestellt, wurde die Strafe festgesetzt.

Die Frage »Was ist das für ein Individuum, das dieses Verbrechen begangen hat?« ist eine neue Frage. Allerdings genügt sie nicht zur Erklärung der Geschichte von Pierre Rivière. Denn dieser wollte ursprünglich seine Schrift schon vor dem Verbrechen verfassen.

Wir wollten in diesem Buch keine psychologische, psychoanalytische oder linguistische Analyse von Pierre Rivière anstellen, sondern die medizinische und gerichtliche Maschine um ihn herum sichtbar machen.

Für den Rest überließen wir den Psychoanalytikern und Kriminologen das Wort. Diese hatten erstaunlicherweise zu diesem Text heute genau so wenig zu sagen wie im vorigen Jahrhundert.

In *Wahnsinn und Gesellschaft* schreiben Sie, man sollte »die Chronologien und historischen Abfolgen von jeder Fortschrittsperspektive lösen«.

Das ist etwas, was ich den Wissenschaftshistorikern verdanke. Ich halte mich an den methodischen Vorbehalt, hinter dem ohne Aggressivität ein radikaler Skeptizismus steht: Der Punkt, an dem wir angekommen sind, wird nicht als Vollendung eines Fortschritts angesehen, den es historisch zu rekonstruieren gilt. Aus Skepsis gegenüber uns selber, unserer Gegenwart, unserem Sosein, die uns davon abhält, uns für besser oder mehr zu halten. Natürlich versucht man, Wandlungsprozesse zu rekonstruieren – aber ohne sie mit einer positiven Wertung zu belegen.

Während die Wissenschaft doch lange Zeit von dem Postulat ausging, daß die Menschheit fortschreitet ...

Die Wissenschaft? Eher die Wissenschaftsgeschichte. Und ich sage ja gar nicht, daß die Menschheit nicht fortschreitet. Ich sage nur, daß es methodisch schlecht ist, das Problem von vornherein als Frage nach dem Fortschritt zu stellen. Das Problem ist vielmehr: Wie geht das vor sich, wenn etwas geschieht? Und das, was heute geschieht, ist nicht unbedingt besser oder entwickelter oder erleuchteter als das, was früher geschah.

Ihre Forschungen beziehen sich auf Dinge, die banal sind oder scheinen, weil sie nicht *gesehen* werden. Die Gefängnisse etwa sind in den Städten – *aber niemand sieht sie.* Oder wenn man sie sieht, fragt man sich vielleicht noch, ob es sich um ein Gefängnis, um eine Schule, um eine Kaserne oder um ein Spital handelt. Besteht nicht das Ereignis gerade darin, etwas in die Augen springen zu lassen, was keiner gesehen hat?
Das gilt wohl auch für die sehr detaillierten Untersuchungen über das Steuerwesen und die Bauernaufstände im Bas-Languedoc zwischen 1880 und 1882. Auch hier handelt es sich um ein sehr wichtiges Phänomen, das kein Mensch gesehen hat.

In gewissem Sinne ist die Geschichtswissenschaft immer so vorgegangen. Wenn man etwas sichtbar macht, was man bislang nicht gesehen hat, kann das am Vergrößerungsinstrument liegen, das man verwendet. Anstatt die Institutionen der Monarchie vom 16. bis zum 18. Jahrhundert zu studieren, kann man die Institution eines kleinen

Provinzrates zwischen dem Tod Heinrichs IV. und dem Regierungsantritt Ludwigs XIII. untersuchen. Man bleibt damit im selben Gegenstandsbereich, aber der Gegenstand ist vergrößert.

Aber man kann auch etwas Ungesehenes sichtbar machen, indem man die Betrachtungsebene verschiebt, indem man sich auf eine Ebene begibt, die bislang historisch nicht relevant war, die weder moralisch noch ästhetisch, noch politisch, noch historisch für wichtig gehalten worden ist. Daß die Art, wie man die Irren behandelt, zur Geschichte der Vernunft gehört, ist heute offensichtlich. Aber das war vor 50 Jahren nicht so. Damals war die Geschichte der Vernunft Platon, Descartes, Kant oder vielleicht noch Archimedes, Galilei und Newton.

Die einfache Gegenüberstellung von Vernunft und Unvernunft stellen Sie in Frage, wenn Sie sagen: »Man schreibt die Geschichte der Experimente an den Blindgeborenen, an den Wolfskindern oder mit der Hypnose. Wer jedoch wird die allgemeinere, unschärfere, aber entscheidendere Geschichte des Examens schreiben …? In dieser winzigen Technik steckt nämlich ein ganzer Wissensraum und ebenso ein ganzer Machttyp.«

Die Mechanismen der Macht sind in der Geschichte niemals gründlich analysiert worden. Man hat die Leute studiert, welche die Macht innehatten. Das war die anekdotische Geschichte der Könige, der Feldherren. Im Gegensatz dazu hat man dann die Geschichte der Prozesse, der ökonomischen Grundstrukturen erforscht, der man dann wieder eine Geschichte der Institutionen (und damit des sogenannten Überbaus) entgegengesetzt hat. Aber die Macht mit ihren umfassenden und detaillierten Strategien und Mechanismen ist niemals wirklich erforscht worden. Und noch weniger hat man sich mit den Beziehungen zwischen Wissen und Macht, mit ihren wechselseitigen Einwirkungen beschäftigt. Einer Tradition des Humanismus entsprechend meint man, daß das Wissen aufhört, wo die Macht anfängt: Die Macht macht irre, die Regierenden sind blind. Und nur diejenigen, die von der Macht weit weg sind, die mit der Tyrannei nichts zu tun haben, die in ihre Gelehrtenstube und in ihre Meditationen eingeschlossen sind, können die Wahrheit entdecken.

Ich habe nun den Eindruck, und ich habe das zu zeigen versucht, daß sich Macht immer an Wissen und Wissen immer an Macht anschließt. Es genügt nicht zu sagen, daß die Macht dieser oder jener Entdeckung, dieser oder jener Wissensform bedarf. Vielmehr bringt die Ausübung von Macht Wissensgegenstände hervor; sie sammelt und verwertet Informationen. Man versteht nichts vom ökonomischen Wissen, wenn man nicht weiß, wie sich die ökonomische Macht im täglichen Leben durchsetzt. Die Machtausübung bringt ständig Wissen hervor und umgekehrt bringt das Wissen Machtwirkungen mit sich. Die Ordinarienuniversität ist nur die sichtbarste, verkalkteste und ungefährlichste Form dieses Sachverhalts. Man muß schon sehr naiv sein, wenn man glaubt, daß die Verbindungen von Macht und Wissen im Universitätsmandarin gipfeln. Diese Verbindungen sind anderswo tiefer verankert, verstreuter, vertrackter und in anderer Weise gefährlich. Der moderne Humanismus täuscht sich also mit dieser Grenzziehung zwischen Macht und Wissen. Beide sind integriert, und man sollte nicht von dem Augenblick träumen, in dem das Wissen nicht mehr von der Macht abhängt. Damit würde man denselben Humanismus nur als Utopie wiederbeleben. Es ist nicht möglich, daß sich Macht ohne Wissen vollzieht; es ist nicht möglich, daß das Wissen nicht Macht hervorbringt: »Befreien wir die wissenschaftliche Forschung aus den Klauen des Monopolkapitalismus!« – mag eine tolle Forderung und Parole sein, bleibt aber immer nur eine Parole.

Gegenüber Marx und dem Marxismus scheinen Sie eine gewisse Distanz zu halten, was man Ihnen schon nach der *Archäologie des Wissens*[5] vorgeworfen hat.

Zweifellos. Aber dabei gibt es von meiner Seite auch so etwas wie ein Spiel. Ich zitiere häufig Begriffe, Sätze, Texte von Marx, ohne mich allerdings verpflichtet zu fühlen, das Zitat als solches auszuweisen, die Quelle in einer Fußnote anzugeben und dem Zitat eine anerkennende Reflexion hinzuzufügen. Nur wenn man dieses tut, wird man als Marxkenner und Marxverehrer angesehen und von den sogenannten marxistischen Zeitschriften in Ehren gehalten. Ich aber zitiere Marx, ohne es zu sagen.

Da die Marxisten die Marxtexte ohne Anführungszeichen nicht wiedererkennen, gelte ich als einer, der Marx nicht zitiert. Verspürt denn ein Physiker das Bedürfnis, Newton oder Einstein ausdrücklich zu zitieren? Er verwendet sie einfach und braucht keine Anführungszeichen, keine Fußnote und keine Lobrede, die seine Treue gegenüber dem Denken des Meisters unter Beweis stellt. Und da die anderen Physiker wissen, was Einstein getan hat, was er erfunden, bewiesen hat, nehmen sie es ohne viel Aufhebens zur Kenntnis. Man kann heute nicht Historiker sein, ohne eine Reihe von Begriffen zu verwenden, die direkt oder indirekt mit dem Denken von Marx verknüpft sind, und ohne sich in einem Horizont zu bewegen, der von Marx beschrieben oder definiert worden ist. Man könnte sich sogar fragen, welcher Unterschied eigentlich zwischen einem Historiker und einem Marxisten besteht.

Wie man gesagt hat, daß die Rede vom amerikanischen Film ein Pleonasmus ist, könnte man sagen, daß der marxistische Historiker ein weißer Schimmel ist.

Beinahe. Und innerhalb dieses von Marx entfalteten allgemeinen Horizontes beginnt die Diskussion. Mit denjenigen, die sich für Marxisten halten, weil sie sich an die Spielregel der Kommunistologie (nicht des Marxismus) halten, die von den kommunistischen Parteien aufgestellt wird, die vorschreiben, wie man Marx zu verwenden hat, um bei ihnen als Marxist zu gelten.

Und wie steht es mit Nietzsche? Ich bin erstaunt über seine diffuse Präsenz, die immer stärker wird und im zeitgenössischen Denken und Fühlen seit etwa 10 Jahren die Hegemonie von Marx in Frage stellt.

Heute bleibe ich stumm, wenn es um Nietzsche geht. Als ich an der Universität gelehrt habe, habe ich oft Vorlesungen über ihn gehalten. Aber ich werde das nicht mehr tun. Wenn ich anspruchsvoll wäre, würde ich das, was ich mache, unter den Titel »Genealogie der Moral« stellen.
Nietzsche ist derjenige, der für den philosophischen Diskurs das Machtverhältnis als Hauptzielscheibe aufgestellt hat. Für Marx war es das Produktionsverhältnis. Nietzsche ist der Philosoph der Macht, dem es gelungen ist, die Macht zu denken, ohne sich dabei in eine politische Theorie einzuschließen.
Nietzsches Präsenz ist immer wichtiger. Aber ich finde es langweilig, wenn man ihm Kommentare widmet, wie man sie auch über Hegel und Mallarmé schreibt. Was mich betrifft, ich benutze die Leute, die ich mag. Die einzige Anerkennung, die man einem Denken wie dem Nietzsches bezeugen kann, besteht darin, daß man es benutzt, verzerrt, mißhandelt und zum Schreien bringt. Ob einem die Kommentatoren Treue bescheinigen oder nicht, ist völlig uninteressant.

Das Interview führte J.-J. Brochiers

Das abendland und die wahrheit des sexes

Ein namenloser Engländer hat gegen Ende des 19. Jahrhunderts ein ungeheures Werk verfaßt, das in nicht mehr als zehn Exemplaren gedruckt wurde; es kam nie zum Verkauf und landete am Ende bei einigen Sammlern oder in seltsamen Bibliotheken. Eines der unbekanntesten Bücher, es heißt *My Secret Life*. Der Autor erzählt darin haarklein ein Leben, das er im wesentlichen der sexuellen Lust gewidmet hatte. Abend für Abend, Tag für Tag erzählt er bis in die geringsten Einzelheiten, ohne Angeberei, ohne große Worte, in der einzigen Sorge zu sagen, was passiert ist, wie es passiert ist, mit welcher Intensität und mit welcher Gefühlsqualität.

Wirklich seine einzige Sorge? Schon möglich. Denn häufig redet er von dieser Aufgabe, täglich über seine Lust zu schreiben, wie von einer bloßen Pflicht. So als handelte es sich um eine geheime, ein wenig rätselhafte Auflage, der er sich nicht entziehen kann: Man muß alles sagen. Und doch gibt es da noch etwas anderes: Für diesen eigensinnigen Engländer geht es darum, in diesem Arbeitsspiel die Lust, den wahren Diskurs über die Lust und die Lust, diese Wahrheit auszusprechen, aufs engste miteinander zu verbinden; es geht darum, dieses Tagebuch – ob er es nun mit lauter Stimme liest oder gemessen niederschreibt – für die Entwicklung neuer sexueller Erfahrungen zu nutzen, nach den Regeln gewisser befremdender Lüste, in denen »Lesen und Schreiben« eine spezifische Rolle spielen.

Stephen Marcus[6] hat diesem dunklen Zeitgenossen der Königin Victoria einige bemerkenswerte Seiten gewidmet. Ich neige nun meinerseits nicht so sehr dazu, in ihm eine Gestalt im Schatten, auf der »Gegenseite« eines Zeitalters der Schamhaftigkeit zu sehen. Ist er wirklich die diskrete und grinsende Rache an der Prüderie der Epoche? Mir scheint er vor allem an einem Punkt zu stehen, an dem drei Entwicklungslinien in unserer Gesellschaft zusammenlaufen, die alles andere als geheim sind. Die jüngste von ihnen ist diejenige, die die Medizin und die Psychiatrie der Epoche dazu brachte, sich mit dem Eifer des Insektensammlers auf die sexuellen Praktiken, ihre Varianten und ihre ganze Verschiedenartigkeit zu stürzen: Krafft-Ebing[7] ist nicht fern. Die zweite, etwas ältere ist die, die seit Rétif und Sade die erotische Literatur dahin geführt hat, ihre Effekte nicht mehr nur in der

Heftigkeit oder Ausgefallenheit der Szenen, die sie ersann, zu suchen, sondern in der leidenschaftlichen Erforschung einer bestimmten Wahrheit der Lust: eine Erotik der Wahrheit, eine Verbindung von Wahrheit und Intensität sind bezeichnend für diese neue »Libertinage«, die am Ende des 19. Jahrhunderts auftritt. Die dritte Linie ist die älteste; sie hat seit dem Mittelalter das ganze christliche Abendland durchzogen: das strenge Gebot an einen jeden, durch Beichte und Gewissensprüfung auf dem Grunde seines Herzens die kaum wahrnehmbaren Spuren der Begehrlichkeit aufzuspüren. Man lasse sich nicht täuschen von der Quasiheimlichkeit von *My Secret Life*: die Verbindung des wahren Diskurses zur sexuellen Lust ist eine der beständigsten Sorgen der abendländischen Gesellschaften gewesen. Und das seit Jahrhunderten.

Was hat man nicht alles über diese bürgerliche, verlogene, schamhafte Gesellschaft gesagt, die mit ihren Lüsten geizt und sie um keinen Preis anerkennen noch beim Namen nennen will. Was hat man nicht über jenes schwerste Erbe gesagt, das sie vom Christentum übernommen hat – den Sünden-Sex. Und über die Art und Weise, wie das 19. Jahrhundert dieses Erbe zu ökonomischen Zwecken gebraucht hat: Arbeit statt Lust, Reproduktion der Kräfte statt purer Verausgabung von Energien.

Und wenn das nun nicht das Wesentliche wäre? Wenn es im Innern der »Politik des Sexes« ganz andere Räderwerke gäbe? Nicht die der Verwerfung und Verdunkelung, sondern solche der Aufreizung? Wenn die wesentliche Funktion der Macht nicht darin bestünde, nein zu sagen, zu untersagen und zu zensieren, sondern darin, in einer endlosen Spirale den Zwang, die Lust und die Wahrheit aneinanderzubinden?

Denken wir nur an den Eifer, mit dem unsere Gesellschaften seit mehreren Jahrhunderten mittlerweile all die Institutionen vermehrt haben, die dazu bestimmt sind, die Wahrheit des Sexes zu erpressen, und die damit selbst eine spezifische Lust produzieren. Denken wir an die maßlose Pflicht, zum Geständnis und an all die zwiespältigen Lüste, die es gleichzeitig durchkreuzen und wünschbar machen: Beichte, Erziehung, Beziehungen zwischen Eltern und Kindern, Ärzten und Kranken, Psychiatern und Hysterischen, Psychoanalytikern und Patienten. Man sagt häufig, das Abendland sei unfähig gewesen, auch nur eine einzige neue Lust zu erfinden. Hält man denn die Wollust, mit der man herumschnüffelt, aufstöbert, interpretiert, hält man diese »Lust an der Analyse« (im weitesten Sinne) etwa für nichts?

Eher als eine der Repression des Sexes gewidmete Gesellschaft würde ich die unsere als eine seinem »Ausdruck« gewidmete sehen. Man verzeihe mir dieses abgewertete Wort. Ich würde das Abendland als hartnäckig bemüht sehen, die Wahrheit des Sexes ans Licht zu zerren. Das Verschweigen, die Sperren, die Fortnahmen dürfen nicht unterschätzt werden; aber sie konnten sich nur bilden, konnten ihre furchtbaren Wirkungen nur vor dem Hintergrund eines Willens zum Wissen produzieren, der unsere gesamte Beziehung zum Sex durchzieht. Ein derart gebieterischer Wille zum Wissen, von dem wir so gefesselt sind, daß wir bereits nicht mehr bloß die Wahrheit des Sexes suchen, sondern von ihm unsere eigene Wahrheit verlangen. Er soll uns sagen, was mit uns los ist. Von Gerson bis Freud bildet sich eine ganze Logik des Sexes heraus, die die Wissenschaft vom Subjekt organisiert hat.

Wir bilden uns gern ein, wir seien »victorianisch«. Mir scheint, daß unser Reich ist nicht das der Königin Victoria, sondern eher jenes, das Diderot sich in den »Indiskreten Kleinoden« ausgedacht hat: Ein bestimmter kaum sichtbarer Mechanismus bringt den Sex mit fast unerschöpflicher Geschwätzigkeit zum Sprechen. Wir leben in einer Gesellschaft des sprechenden Sexes.

Ebenso muß man vielleicht eine Gesellschaft über die Art und Weise befragen, nach der sich in ihr die Beziehungen der Macht, der Wahrheit und des Wissens herstellen. Wie mir scheint, lassen sich hier zwei wesentliche Verfahrensweisen unterscheiden. Die eine ist die der *ars erotica*. Hier wird die Wahrheit aus der Lust selber gezogen, als Erfahrung gesammelt, auf ihre Qualität hin analysiert und in ihren Ausstrahlungen im Körper und in der Seele verfolgt, und dieses kunstvolle Wissen wird unter dem Siegel des Geheimnisses in der Initiation durch einen Meister an jene übertragen, die sich seiner würdig erwiesen haben und die es nun wieder in ihre Lust einströmen lassen, um sie intensiver, stärker, vollkommener zu machen.

Die abendländische Zivilisation kennt seit Jahrhunderten jedenfalls keine *ars erotica*; sie hat die Beziehungen der Macht, der Lust und der Wahrheit in anderer Art verknüpft: in der einer »Wissenschaft vom Sex«. Ein Wissenstyp, wo das Analysierte weniger die Lust als vielmehr das Verlangen ist; wo der Meister nicht die Aufgabe hat zu initiieren, sondern zu befragen, zuzuhören, zu entziffern; wo der lange Prozeß nicht eine Vermehrung der Lüste zum Ziel hat, sondern eine Veränderung des Subjekts (das hierdurch Verzeihung oder Versöhnung, Heilung oder Befreiung findet).

Zu zahlreich sind die Beziehungen zwischen jener Kunst und dieser Wissenschaft, um hier eine Trennungslinie zwischen zwei Gesellschaftstypen ziehen zu können. Ob es sich um die Gewissensführung oder um die psychoanalytische Kur handelt, stets bringt das Wissen vom Sex gewisse Gebote der Geheimhaltung, eine bestimmte Beziehung zum Lehrmeister und eine ganze Fülle von Versprechungen mit sich, die es wieder in Verwandtschaft zur *ars erotica* bringen. Glaubt man denn, daß sich ohne diese unklaren Beziehungen manche Leute so teuer das Recht erkaufen würden, zweimal die Woche mühsam die Wahrheit ihres Verlangens zu formulieren und geduldig den Segen der Interpretation abzuwarten?

Meine Absicht ist es, eine Genealogie dieser »Wissenschaft vom Sex« zu machen. Kein sonderlich neuartiges Unternehmen, ich weiß: Viele sind heute damit beschäftigt zu zeigen, wieviele Verweigerungen, Verdunkelungen, Ängste, systematische Verkennungen lange Zeit ein mögliches Wissen vom Sex gegängelt haben. Ich möchte allerdings diese Genealogie in positiven Begriffen angehen, ausgehend von den Anreizungen, den Brennpunkten, Techniken und Verfahren, die die Bildung dieses Wissens erlaubt haben; ich möchte, vom christlichen Problem des Fleisches angefangen, all die Mechanismen verfolgen, die einen Wahrheitsdiskurs über den Sex eingeführt und ein gemischtes Regime von Lust und Macht um ihn errichtet haben. Angesichts der Unmöglichkeit, diese Genese umfassend zu verfolgen, werde ich versuchen, in Einzelstudien einige ihrer wichtigsten Strategien aufzuzeigen: gegenüber den Kindern, gegenüber den Frauen, gegenüber den Perversionen und gegenüber der Geburtenregelung.

Die traditionell gestellte Frage lautet: Warum hat das Abendland den Sex so lange Zeit schuldig gesprochen, und wie ist man gegen diese Verweigerung und Angst endlich dahin gekommen, ihm, und sei es durch noch so viele Auslassungen hindurch, die Frage nach der Wahrheit zu stellen? Warum und unter welchen Umständen hat

man sich seit dem Ende des 19. Jahrhunderts daran gewagt, einen Teil des großen Geheimnisses an den Tag zu bringen, und auch das nur unter Schwierigkeiten, von denen der Mut Freuds immer noch Zeugnis ablegt?
Ich möchte die Frage ganz anders ansetzen: Warum hat das Abendland so unablässig nach der Wahrheit des Sexes gefragt und von jedem einzelnen gefordert, daß er sie für sich formuliere? Warum hat es mit solcher Versessenheit darauf bestanden, daß unsere Beziehung zu uns selbst über diese Wahrheit zu laufen hat? Sodann muß man sich darüber wundern, daß wir seit Beginn des 20. Jahrhunderts von einem großen und neuartigen Schuldbewußtsein befallen sind, daß wir seither so etwas wie einen historischen Gewissensbiß empfinden, der uns glauben läßt, wir hätten uns gegen unseren Sex versündigt.
Mir scheint, daß in dieser neuen Schuldigsprechung, nach der wir so lüstern zu sein scheinen, etwas systematisch verkannt wird, und zwar eben diese große Wissenskonfiguration, die das Abendland unaufhörlich mit Hilfe von religiösen, medizinischen und sozialen Techniken um den Sex herum errichtet hat.
Ich gehe davon aus, daß man mir diesen Punkt zugestehen wird. Aber man wird mir sofort sagen: »Dieses ganze Getöse um den Sex, diese ständige Sorge, das hat doch, wenigstens bis zum 19. Jahrhundert, nur ein Ziel gehabt: die freie Ausübung des Sexes zu untersagen.« Freilich, die Rolle der Verbote ist bedeutend gewesen. Aber wird

der Sex zuerst und vor allem verboten? Oder sind die Verbote etwa nur Fallen, die eine komplexe und positive Strategie stellt?

Hier stoßen wir auf ein allgemeineres Problem, das als Kontrapunkt zu dieser Geschichte der Sexualität behandelt werden muß, das Problem der Macht. Spricht man von der Macht, so begreift man sie meist auf ziemlich spontane Weise als Gesetz, als Verbot, als Sperrmaßnahme und Unterdrückung, und hat sich damit selbst der Waffen beraubt, ihre positiven Mechanismen und Wirkungen zu verfolgen. Ein bestimmtes juristisches Modell lastet auf den Analysen der Macht und läßt sie die Form des Gesetzes mit einem absoluten Privileg versehen. Es gilt, eine Geschichte der Sexualität zu schreiben, die nicht mehr von der Vorstellung einer Repressionsmacht, einer Zensurmacht geleitet wird, sondern von der einer Aufreizungsmacht, einer Wissensmacht; man muß versuchen, den leitenden Zusammenhang von Zwang, Lust und Diskurs freizulegen, der jenen komplexen Bereich der Sexualität nicht versperrt, sondern begründet.

Meinem Wunsch nach soll diese fragmentarische Geschichte der »Wissenschaft vom Sex« gleichzeitig den Entwurf einer Analytik der Macht liefern.

Nein zum König Sex

Interview (1977)

Mit *Der Wille zum Wissen*[8] leiten Sie eine Geschichte der Sexualität ein, die monumental zu werden verspricht. Was rechtfertigt für Sie heute ein Unternehmen von solchem Umfang?

Von solchem Umfang? Eher von solcher Beschränkung. Ich will nicht die Chronik der sexuellen Verhaltensweisen über die Zeitalter und Zivilisationen hinweg erstellen. Ich will einem weit dünneren Faden folgen: dem, der in unseren Gesellschaften seit Jahrhunderten den Sex und die Suche nach der Wahrheit verbunden hat.

In welchem Sinn denn?

Das Problem sieht so aus: Wie kommt es, daß in einer Gesellschaft wie der unseren die Sexualität nicht einfach das ist, was für die Fortpflanzung der Art, der Familie, der Individuen sorgt? Nicht einfach etwas, was Lust und Genuß bereitet? Wie kommt es, daß sie als der privilegierte Ort angesehen worden ist, an dem sich unsere tiefe

»Wahrheit« ausspricht oder ablesen läßt? Denn das ist das Wesentliche: Seit dem Christentum hat das Abendland unaufhörlich wiederholt: »Um zu wissen, wer du bist, mußt du wissen, was mit deinem Sex los ist.« Stets war der Sex der Knotenpunkt, an dem sich gleichzeitig die Geschicke unserer Spezies und unsere »Wahrheit« als menschliches Subjekt verknüpfen.
Die Beichte, die Gewissensprüfung, die ganze Versessenheit auf die Geheimnisse und die Bedeutung des Fleisches waren nicht bloß Mittel, um den Sex zu untersagen und so weit als möglich aus dem Bewußtsein zu verbannen, sie waren dazu da, die Sexualität in den Mittelpunkt der Existenz zu versetzen und das Heil an die Beherrschung ihrer dunklen Regungen zu binden. In den christlichen Gesellschaften war der Sex das, was man prüfen, überwachen, gestehen und in Diskurs verwandeln mußte.

Daher die paradoxe These dieses ersten Bandes: Statt sie zu ihrem Tabu, zu ihrem Verbotenen schlechthin zu machen, haben unsere Gesellschaften unaufhörlich von der Sexualität gesprochen und sie zum Sprechen gebracht …

Sicherlich könnte man lang und breit über die Sexualität reden, nur um sie zu verbieten.
Mir ging es dabei aber um zwei wichtige Dinge. Zum einen, daß das Aufklären, das »Ausleuchten« der Sexualität sich nicht nur in den Diskursen, sondern in der Realität der Institutionen und Praktiken abgespielt hat.

Zum anderen, daß es zahlreiche und strenge Verbote gibt. Aber daß sie zu einer komplexen Ökonomie gehören, in der sie mit Anreizen, Äußerungen und Aufwertungen einhergehen. Immer sind es die Verbote, die man herausstellt. Ich möchte ein bißchen die Kulissen umstellen und vor allem den Gesamtzusammenhang der Dispositive erfassen. Und zudem hat man, wie Sie wissen, aus mir den melancholischen Historiker der Verbote und der Repressionsmacht gemacht, einen, der immer Geschichten mit zwei Seiten erzählt: der Wahnsinn und seine Einschließung, die Anomalie und ihr Ausschluß, die Delinquenz und ihre Einsperrung. Nun hat aber mein Problem immer bei einer anderen Seite gelegen: der Wahrheit. Wie hat die Macht, die auf den Wahnsinn ausgeübt wurde, den »wahren« Diskurs der Psychiatrie produziert? Gleiches gilt für die Sexualität: den Willen zum Wissen dingfest machen, in den sich die Macht über den Sex eingefädelt hat. Mir geht es nicht um die historische Soziologie eines Verbotes, sondern um die politische Geschichte einer Produktion von »Wahrheit«.

Eine neue Revolution im Begriff der Geschichte? Die Morgenröte einer weiteren »neuen« Geschichte?

Die Historiker haben vor Jahren voller Stolz entdeckt, daß sie nicht bloß die Geschichte der Schlachten, der Könige und der Institutionen schreiben konnten, sondern auch die der Ökonomie. Jetzt sind sie wieder ganz verblüfft, weil ihnen die Gewitztesten unter ihnen beigebracht haben, daß man auch die Geschichte der Empfindungen, der Verhaltensweisen, der Körper schreiben kann. Daß die Geschichte des Abendlandes nicht zu trennen ist von der Art und Weise, in der die Wahrheit produziert wird und ihre Wirkungen tut, das werden sie bald begreifen. Sowas spricht sich rum.

Wir leben in einer Gesellschaft, die weitgehend auf der »Wahrheitstour« läuft – ich meine, die Diskurs mit Wahrheitsfunktion produziert und in Umlauf setzt, der als solcher gilt und damit über spezifische Mächte verfügt. Die Einsetzung »wahrer« Diskurse (die übrigens unablässig wechseln) ist eines der Grundprobleme des Abendlandes. Die Geschichte der »Wahrheit« – d. h. der Macht, die den als wahr akzeptierten Diskursen eigen ist – bleibt noch voll und ganz zu schreiben.

Welches sind die positiven Mechanismen, die auf verschiedene Art und Weise die Sexualität produzieren und bei denen am Ende Elend herauskommt?

Das, was ich untersuchen möchte, sind jedenfalls all die Mechanismen, die in unserer Gesellschaft dazu auffordern, dazu reizen und zwingen, vom Sex zu sprechen.

> Nun werden Ihnen manche antworten, daß es trotz dieser Diskursivierung auch die Repression und das sexuelle Elend gibt …

Ja, der Einwand ist schon gekommen. Sie haben Recht. Wir alle leben mehr oder weniger in diesem Zustand sexuellen Elends. Und es stimmt, daß in meinem Buch nicht davon geredet wird, wie das erlebt wird ...

Weshalb? Geschieht das absichtlich nicht?

Wenn ich in den nächsten Bänden konkrete Untersuchungen anstelle –, im Hinblick auf die Frauen, die Kinder, die Perversen – werde ich die Formen und Bedingungen dieses Elends zu analysieren versuchen. Im Augenblick aber geht es darum, die Methode festzulegen. Das Problem ist, ob dieses Elend negativ aus einer grundlegenden Absage oder aus einer ökonomisch begründeten Verbotsmaßnahme (»Arbeitet, liebt nicht!«) erklärt werden muß oder ob es nicht die Wirkung weit komplexerer und weit positiverer Verfahren ist.

Was könnte in diesem Fall eine »positive« Erklärung sein?

Ich will einen etwas hochgegriffenen Vergleich machen. Was hat Marx getan, als er bei seiner Analyse des Kapitals auf das Problem des Arbeiterelends stieß? Er hat die übliche Erklärung abgelehnt, die aus diesem Elend die Wirkung einer natürlichen Knappheit oder eines abgekarteten Diebstahls machte. Statt dessen hat er gesagt: so wie die grundlegenden Gesetze der kapitalistischen Produktion aussehen, muß sie einfach Elend produzieren. Es ist nicht der Zweck des Kapitalismus, die Arbeiter auszuhungern, aber er kann sich nicht entwickeln, ohne sie auszuhungern. Marx hat das Anprangern des Diebstahls durch die Analyse der Produktion ersetzt.

Mutatis mutandis ist das ungefähr das, was ich machen wollte. Es geht nicht darum, das sexuelle Elend zu leugnen, aber es geht auch nicht darum, es negativ mit einer Repression zu erklären. Das ganze Problem besteht darin herauszufinden, welches die positiven Mechanismen sind, die auf verschiedene Art und Weise die Sexualität produzieren und bei denen am Ende Elend herauskommt.

Ein Beispiel, das ich in einem der nächsten Bände behandeln werde: Zu Beginn des 18. Jahrhunderts mißt man plötzlich der kindlichen Masturbation eine enorme Bedeutung zu und verfolgt sie wie eine plötzliche, furchtbare und die ganze menschliche Spezies bedrohende Epidemie.

Muß man nun annehmen, daß das Masturbieren der Kinder plötzlich für eine in Entwicklung begriffene kapitalistische Gesellschaft untragbar geworden ist? Das ist die Hypothese gewisser neuerer Reich-Anhänger. Mir scheint sie unbefriedigend.

Worauf es nämlich umgekehrt seinerzeit ankam, war die Umorganisierung der Beziehungen zwischen Kindern und Erwachsenen, Eltern und Erziehern, war eine Intensivierung der innerfamiliären Beziehungen, war die Kindheit, die zum Einsatz geworden war, um den sich Eltern, Erziehungsanstalten und Instanzen der öffentlichen Gesundheitspflege stritten, war die Kindheit als Ziehgarten künftiger Generationen. Am Treffpunkt von Körper und Seele, Gesundheit und Moral, Erziehung und Zucht ist

der Sex der Kinder gleichzeitig zur Zielscheibe und zum Instrument der Macht geworden. Man hat eine spezifische »Sexualität der Kinder« konstituiert, eine heikle gefährliche und ständig zu überwachende Sache.
Von da rührt ein sexuelles Elend der Kindheit und der Jugend, von dem auch unsere Generationen noch nicht befreit sind – der angestrebte Zweck aber war nicht dieses Elend; Ziel war nicht zu verbieten. Das Ziel war, mit der plötzlich bedeutend und mysteriös gewordenen kindlichen Sexualität ein Machtnetz über die Kindheit zu breiten.

Die Vorstellung, das sexuelle Elend komme von der Repression, die Vorstellung, daß wir, um glücklich zu sein, unsere Sexualitäten befreien müssen, ist ja wohl letzten Endes die der Sexologen, Ärzte und Polizisten des Sex …

Ja, und deshalb stellen sie uns eine furchtbare Falle. Sie sagen uns etwa: »Ihr habt eine frustrierte und stumme Sexualität, die von heuchlerischen Verboten unterdrückt wird. Also kommt zu uns, sprecht euch aus, zeigt uns das alles, vertraut uns eure schlimmen Geheimnisse an …«
Dieser Typ von Diskurs ist in der Tat ein erstklassiges Macht- und Kontrollwerkzeug. Er bedient sich wie immer dessen, was die Leute sagen, was sie empfinden, was sie erhoffen. Er nutzt ihren Glauben aus, es reiche schon, die Schwelle des Diskurses zu überschreiten und einige Verbote aufzuheben, um glücklich zu sein. Und er führt

genau dazu, die Revolten und Freiheitsbewegungen niederzuschlagen und zu parzellieren ...

Daher rührt, so nehme ich an, das Mißverständnis mancher Kommentatoren: »Unterdrückung und Befreiung des Sex, das läuft nach Foucault aufs gleiche hinaus ...« Oder sogar: »Die MLAC[9] und »Laissez-les-vivre«[10], das ist im Grunde derselbe Diskurs ...«

Ja. Trotzdem muß man an diesem Punkt etwas klarstellen. Man hat mir allen Ernstes unterstellt, zwischen der Sprache der Zensur und der ihrer Gegner, zwischen dem Diskurs der Sittlichkeitsapostel und dem der Befreiung des Sex gäbe es keinen wirklichen Unterschied. Man hat so getan, als packte ich sie alle in einen Sack, um sie wie einen Wurf junger Katzen zu ersäufen. Radikal falsch: Nichts dergleichen habe ich sagen wollen. Übrigens und aufschlußreicherweise habe ich das auch gar nicht gesagt.

Trotzdem geben Sie zu, daß es gemeinsame Elemente, gemeinsame Aussagen gibt ...

Aber Aussage und Diskurs sind zwei verschiedene Dinge. Es gibt gemeinsame taktische Elemente bei gegensätzlichen Strategien.

Zum Beispiel?

Die sogenannten Bewegungen zur »sexuellen Befreiung« müssen, so glaube ich, als affirmative Bewegungen, »ausgehend« von der Sexualität, verstanden werden. Das will zweierlei besagen: Es sind Bewegungen, die von der Sexualität, von dem Dispositiv der Sexualität, in dem wir stecken, ausgehen und es bis in feinste Verästelungen funktionieren lassen; gleichzeitig aber setzen sie sich davon ab, lösen sich von ihm und gehen über es hinaus.

Wie sähe denn ein solches Hinausgehen aus?

Nehmen Sie den Fall der Homosexualität. Um 1870 herum beginnen die Psychiater, sie medizinisch zu analysieren: Ausgangspunkt einer ganzen Reihe neuer Eingriffe und Kontrollen.
Man beginnt die Homosexuellen entweder in Anstalten einzuweisen oder versucht sie zu behandeln. Ehedem wurden sie als Libertins und zuweilen als Delinquente wahrgenommen (was zu Verurteilungen führte, die äußerst streng sein konnten – noch im 18. Jahrhundert manchmal der Scheiterhaufen –, aber zwangsläufig selten waren). Von jetzt an wird man sie *alle* in globaler Verwandtschaft mit den Wahnsinnigen als sexuelle Triebkranke wahrnehmen. Aber indem man solche Diskurse ganz buchstäblich nimmt und sie dadurch umdreht, kommen Antworten in Form einer Herausforderung zum Vorschein: Gesetzt, wir sind, was ihr sagt, von Natur aus, von Krankheit oder Perversion her, ganz wie ihr wollt. Na gut, wenn wir das sind, dann sind wir das eben, und wenn ihr wissen wollt, was wir sind, werden wir es euch besser sagen als ihr selbst. Gegen Ende des 19. Jahrhunderts erscheint eine ganze

Literatur der Homosexualität, die sich stark von den Erzählungen der Libertins unterscheidet; denken Sie an Wilde oder an Gide. Das ist die strategische Umkehrung »desselben« Willens zur Wahrheit.

Genau das spielt sich ja praktisch bei allen Minderheiten ab, bei den Frauen, den Jugendlichen, den Schwarzen in Amerika …

Ja sicher. Man hat lange versucht, die Frauen auf ihre Sexualität festzunageln. »Ihr seid nichts als euer Geschlecht«, hat man ihnen seit Jahrhunderten gesagt. Und dieser Sex, fügen die Ärzte hinzu, ist anfällig, fast immer krank und stets ein Erzeuger von Krankheit. »Ihr seid die Krankheit des Mannes.« Und diese sehr alte Bewegung kommt im 18. Jahrhundert plötzlich auf Hochtouren und führt zu einer Pathologisierung der Frau; der Körper der Frau wird medizinischer Gegenstand par excellence. Ich werde später versuchen, die Geschichte dieser ungeheuren »Gynäkologie« im weitesten Sinne des Wortes zu schreiben.
Nun, die feministischen Bewegungen haben die Herausforderung angenommen. Wir sind von Natur aus Sex? Na gut, seien wir das, aber in seiner Einzigartigkeit, in seiner irreduziblen Besonderheit. Ziehen wir die Konsequenzen und erfinden wir unsere eigene Weise politischer, ökonomischer, kultureller Existenz … Es ist stets der gleiche Vorgang: Sie gehen aus von der Sexualität, in

der man sie kolonisieren will, und durchqueren sie, um zu anderen Affirmationen zu kommen.

Diese Strategie, die Sie beschreiben, diese Gegenstrategie, ist das noch eine Befreiungsstrategie im klassischen Sinne? Oder muß man nicht eher sagen, daß den Sex zu befreien nunmehr heißt, ihn zu hassen und über ihn hinauszugehen?

Mir scheint, heute zeichnet sich eine Bewegung ab, den Druck des »Immer mehr Sex«, »Immer mehr Wahrheit im Sex«, der seit Jahrhunderten auf uns lastet, abzuschütteln: Es geht darum, andere Formen von Lüsten, Beziehungen, Zusammenleben, Bindungen, Lieben, Intensitäten – ich sage nicht: »wiederzufinden«, sondern schlicht und einfach – zu fabrizieren. Ich habe den Eindruck, daß augenblicklich so etwas wie eine »Anti-Sex«-Stimmung in der Luft liegt (ich bin kein Prophet, höchstens Diagnostiker), so als unternähme man den Versuch, diese große »Sexographie« loszuwerden, die uns den Sex als das allumfassende Geheimnis entziffern läßt.

Gibt es Anzeichen für diese Diagnose?

Nur eine Anekdote. Hervé Guibert, ein junger Schriftsteller, hatte Geschichten für Kinder geschrieben: kein Verleger wollte sie. Er schrieb einen anderen, übrigens sehr bemerkenswerten und scheinbar »sexgeladenen« Text. Das war die Bedingung, um Gehör zu finden und verlegt zu werden – voilà, jetzt ist er publiziert (es handelt sich um *La Mort propagande*). Lesen Sie ihn: Mir scheint, er ist das Gegenteil dieser sexographischen Schreibweise, die das Gesetz der Pornographie und manchmal auch der hohen Literatur war: den Punkt zu erreichen, wo man das Unaussprechlichste des Sex ausspricht. Hervé Guibert steigt mit dem Schlimmsten und Extremsten ein – »Ihr wollt, daß davon geredet wird, na gut, also los, ihr werdet mehr zu hören kriegen, als ihr je gehört habt« – und aus gemeinstem Material konstruiert er Körper, Täuschungen, Schlösser, Verschmelzungen, Zärtlichkeiten, Rassen, Trunkenheiten; der ganze allgewichtige Wert Sex wird in die Luft gejagt. Aber das ist nur ein Beispiel für die Kampfansage »Anti-Sex«, für die sich noch mehr Anzeichen finden lassen. Vielleicht ist es das Ende dieser trostlosen Einöde der Sexualität, das Ende der Monarchie des Sex.

Sofern der Sex nicht ein Schicksal ist, an das wir gekettet sind. Und das von Kind an, wie es heißt …

Genau, sehen Sie sich an, was mit den Kindern passiert. Man sagt: Das Leben der Kinder ist ihr sexuelles Leben. Vom Schnuller bis zur Pubertät geht es um nichts als das. Hinter dem Wunsch lesen zu lernen oder dem Spaß an Comics steht einzig und allein die Sexualität. Sind Sie sicher, daß dieser Typ von Diskurs tatsächlich befreiend wirkt? Sind Sie sicher, daß er nicht die Kinder auf eine Art sexuelle Insel verbannt? Und wenn die nun darauf pfeifen würden? Wenn die Freiheit, nicht erwachsen zu sein, gerade darin bestünde, nicht dem Gesetz, dem Prinzip, dem letzten Endes so langweiligen Gemeinplatz der Sexualität zu unterliegen? Wenn die Dinge, die Leute, die Körper polymorphe Beziehungen haben könnten – wäre das nicht Kindheit? Dieser Polymorphismus, den die Erwachsenen, um sich zu beruhigen, Perversität nennen und mit dem Grau in Grau ihres eigenen Sex überstreichen.

Wird denn das Kind auch von denen unterdrückt, die es befreien wollen?

Lesen Sie das Buch von Schérer und Hocquenghem[11]: Es zeigt sehr schön, daß das Kind ein Reich von Lust hat, für das der »Sex-Raster« ein echtes Gefängnis bildet.

Ist das nicht ein Paradox?

Das ergibt sich aus dem Gedanken, daß die Sexualität im Kern nicht das ist, was die Macht fürchtet, sondern viel eher das, wodurch sie wirkt.

Sehen Sie sich doch die autoritären Staaten an: Kann man da sagen, daß die Macht nicht gegen, sondern durch die Sexualität wirkt?

Dazu zwei neuere, scheinbar widersprüchliche Tatsachen: Vor ungefähr anderthalb Jahren hat China eine Kampagne gegen das Masturbieren der Kinder gestartet, genau im selben Stil wie Europa im 18. Jahrhundert (»das hält von der Arbeit ab, das macht blöde, das führt zur Degeneration der Art...«). Auf der anderen Seite empfängt gegen Ende des Jahres die Sowjetunion zum ersten Mal einen Kongreß von Psychoanalytikern (sie muß sie wohl empfangen, da sie selbst keine hat). Liberalisierung? Tauwetter fürs Unbewußte? Frühling der sowjetischen Libido gegenüber der moralischen Verbürgerlichung der Chinesen?

Sowohl in dem altväterlichen Blödsinn Pekings wie in der neu erwachten Wißbegier der Sowjets sehe ich vor allem die zweifache Anerkennung der Tatsache, daß die Sexualität – ausgesprochen *und* verboten, gesagt *und* untersagt – ein Relais ist, auf das kein modernes Machtsystem verzichten kann. Nehmen wir uns in acht vor dem Sozialismus mit sexuellem Antlitz!

Anders gesagt: Die Macht ist also nicht mehr notwendig das, was zensiert und einsperrt?

Ganz allgemein würde ich sagen, daß das Verbot, die Ablehnung, die Prohibition, weit davon entfernt, wesentliche Formen von Macht zu sein, nur deren Grenzen, deren abgenutzte oder extremste Formen sind. Machtbeziehungen sind vor allem produktiv.

Das ist im Hinblick auf Ihre früheren Bücher ein neuer Gedanke.

Wenn ich mich in Pose setzen und in eine etwas fiktive Kohärenz hüllen wollte, würde ich Ihnen sagen, daß das immer schon mein Problem war: Machtwirkungen und Produktion von »Wahrheit«. Mir war immer unbehaglich bei diesem Begriff von Ideologie, der in den letzten Jahren so viel gebraucht worden ist. Man hat ihn benutzt, um Irrtümer, Illusionen, Verschleierungen, kurz, alles, was die Bildung wahrer Diskurse verhinderte, zu erklären. Man hat ihn auch benutzt, um die Beziehung zwischen dem, was in den Köpfen der Leute vorgeht und ihrer Stellung innerhalb der Produktionsverhältnisse aufzuzeigen. Grob gesagt: die Ökonomie des Nicht-Wahren. Mein Problem ist die Politik des Wahren. Ich habe lange gebraucht, um mir darüber klar zu werden.

Weshalb?

Aus mehreren Gründen. Zunächst weil die Macht im Abendland das ist, was sich am meisten zeigt und somit am besten verbirgt: Was man seit dem 19. Jahrhundert das »politische Leben« nennt, ist (ein wenig wie der Hof zur Zeit der Monarchie) die Weise, in der die Macht sich repräsentiert. Weder funktioniert sie dort, noch funktioniert sie so. Vielleicht gehören die Machtbeziehungen zu den am besten verborgenen Dingen im gesellschaftlichen Körper. Zum anderen ist seit dem 19. Jahrhundert die Gesellschaftskritik im wesentlichen vom tatsächlich determinierenden Charakter der Ökonomie ausgegangen. Ganz gewiß eine vernünftige Reduktion des Politischen, aber damit neigt man auch dazu, die elementaren Macht-

beziehungen außer Acht zu lassen, die für ökonomische Verhältnisse konstitutiv sein können.
Drittens gibt es eine Tendenz, die den Institutionen, den Parteien, einer ganzen Strömung revolutionären Denkens und Handelns gemeinsam ist und darin besteht, die Macht nur in der Form und in den Apparaten des Staates zu sehen.
Das führt, wenn man sich den Individuen zuwendet, dazu, daß man die Macht nur noch in ihren Köpfen (in Form von Repräsentation, Zustimmung oder Verinnerlichung) findet.

Und was wollen Sie demgegenüber machen?

Vier Dinge: die Machtbeziehungen aufsuchen, wo sie am verborgensten sind; ihnen bis in die ökonomischen Infrastrukturen nachgehen; sie unter ihren nicht nur staatlichen, sondern infra- oder parastaatlichen Formen verfolgen; ihr materielles Spiel rekonstruieren.

Seit wann führen Sie diese Art von Analyse durch?

Wenn ich Ihnen ein Buch nennen soll, so ist es *Überwachen und Strafen.* Ich würde lieber sagen, daß es auf eine Reihe von Ereignissen und Erfahrungen zurückgeht, die man seit 1968 mit der Psychiatrie, der Delinquenz, dem Schulwesen und so weiter machen konnte. Wobei ich glaube, daß diese Ereignisse selber nie ihren Sinn und ihre Intensität gewonnen hätten, wenn nicht die beiden

gigantischen Schatten des Faschismus und des Stalinismus hinter ihnen gestanden hätten. So wie das Arbeiterelend – diese Unterexistenzen – das politische Denken des 19. Jahrhunderts um die Ökonomie hat kreisen lassen, so erzeugen Faschismus und Stalinismus – diese Übermächte – die politische Unruhe unserer gegenwärtigen Gesellschaften.
Das führt auf zwei Probleme: Wie funktioniert die Macht? Reicht es, daß sie streng verbietet, damit sie wirklich funktioniert? Sodann: Verläuft sie immer von oben nach unten und vom Zentrum zur Peripherie?

In der Tat ist mir in *Der Wille zum Wissen* folgende Verschiebung, folgende wesentliche Verrückung aufgefallen: daß Sie diesmal deutlich mit einem diffusen Naturalismus brechen, der noch in Ihren früheren Büchern spukte …

Was Sie »Naturalismus« nennen, bezeichnet, wie ich meine, zweierlei: eine bestimmte Theorie, die Vorstellung, daß man unterhalb der Macht, unterhalb ihrer Gewalttaten und Hinterhältigkeiten die Dinge selbst in ihrer ursprünglichen Lebendigkeit wiederfinden muß: hinter den Mauern des Asyls die Spontaneität des Wahnsinns, durch das Strafsystem hindurch die fruchtbare Unruhe der Delinquenz, unter dem sexuellen Verbot die Reinheit des Wunsches. Zum zweiten eine bestimmte ästhetisch-moralische Wahl: Die Macht, das ist das Böse, ist das Häßliche, das Armselige, Sterile, Monotone, Tote – und das, worüber die Macht ausgeübt wird, ist das Gute, Echte und Großartige.

Also das letztlich gemeinsame Thema von marxistischer Vulgata und Neuer Linker: »Unter dem Pflaster liegt der Strand.«

Wenn Sie so wollen. Es gibt Augenblicke, wo solche Vereinfachungen notwendig sind. Um von Zeit zu Zeit den Rahmen zu ändern und von pro zu contra überzugehen, ist ein solcher Dualismus vorübergehend nützlich.

Und dann kommt die Zeit, wo man innehält, die Zeit zum Nachdenken und Abwägen?

Im Gegenteil. Es muß der Augenblick neuer Beweglichkeit und neuer Verschiebung kommen. Denn diese Umkehrungen von pro und contra fahren sich sehr schnell fest, weil sie nur wiederholen können und dann das bilden, was Jacques Rancière die »linke Doxa« nennt. Solange man nur ad infinitum das immergleiche Antirepressionslied singt, bleiben die Dinge unverrückt, und es ist ganz gleich, wer den Gesang anstimmt, es hört ihm doch keiner zu. Die Umkehrung der Werte und der Wahrheiten, von der ich gerade sprach, ist insoweit wichtig, als es nicht bei ein paar Hochrufen (es lebe der Wahnsinn, es lebe die Delinquenz, es lebe der Sex) bleibt, sondern weil man zu neuen Strategien kommt. Sehen Sie, was mich heute oft stört, ja sogar schmerzt, ist, daß diese ganze Arbeit von mittlerweile rund fünfzehn Jahren, diese oft schwierige und einsame Arbeit für manche nur die Funktion hat, eine Zugehörigkeit anzuzeigen: auf der »richtigen Seite« zu stehen, auf der Seite des Wahnsinns, der Kinder, der Delinquenz, des Sex.

Es gibt keine richtige Seite?

Man muß sich auf die andere Seite, die »richtige Seite« stellen – aber um zu versuchen, sich von den Mechanismen freizumachen, die stets zwei Seiten erscheinen lassen, um die falsche Einheit, die illusorische »Natur« jener anderen Seite, deren Partei man ergriffen hat, aufzulösen. Da beginnt die wirkliche Arbeit, die des Historikers der Zeitgeschichte.

Sie haben sich bereits mehrfach als »Historiker« definiert. Was heißt das? Warum Historiker und nicht »Philosoph«?

Auf eine Form gebracht, die so naiv ist wie eine Kinderfabel, würde ich sagen, daß die Frage der Philosophie lange Zeit lautete: »In dieser Welt, wo alles vergeht, was bleibt da bestehen? Was sind wir, die wir sterben müssen, im Vergleich zu dem, was bestehen bleibt?« Seit dem 19. Jahrhundert hat die Philosophie sich immer mehr auf die Frage zubewegt: »Was geschieht gegenwärtig, und was sind wir, die wir vielleicht nichts anderes und nichts weiter sind als das, was gegenwärtig geschieht?« Die Frage der Philosophie ist die Frage nach dieser Gegenwart, die wir selbst sind. Daher ist die Philosophie heute durch und durch politisch und durch und durch historisch. Sie ist die der Geschichte immanente Politik, sie ist die für die Politik unentbehrliche Geschichte.

Gibt es nicht heute auch eine Rückkehr zur klassischsten, zur metaphysischsten Philosophie?

Ich glaube an keine Form von Rückkehr. Ich möchte dazu nur folgendes, ein bißchen aus Spielerei, sagen. Das Denken der ersten christlichen Jahrhunderte stand vor der Frage: »Was geschieht gegenwärtig? Was ist das für eine Zeit, in der wir leben? Wie und wann wird die Rückkehr Gottes sich ereignen, die uns verheißen ist? Was tun mit dieser Zeit, die gleichsam überflüssig ist? Und was sind wir, die wir dieser Übergang sind?«
Man könnte sagen, daß wir an diesem Rand der Geschichte, über den die Revolution immer noch nicht hereingebrochen ist, die gleiche Frage stellen: »Wer sind wir, die wir eigentlich überflüssig sind zu dieser Zeit, wo nicht geschieht, was geschehen sollte?« Das gesamte moderne Denken, ebenso wie die gesamte Politik, ist von der Frage der Revolution beherrscht.

Stellt sich für Sie auch noch diese Frage der Revolution? Bleibt sie in Ihren Augen die Frage par excellence?

Wenn es seit dem 19. Jahrhundert die Politik gibt, so darum, weil es die Revolution gegeben hat. Diese ist nicht ein Fall von jener. Stets bestimmt sich die Politik im Hinblick auf die Revolution. Als Napoleon sagte: »Die moderne Gestalt des Schicksals ist die Politik«, zog er nur die Konsequenzen aus dieser Wahrheit, denn er kam nach der Revolution und vor der möglichen Wiederkehr einer neuen.

Die Wiederkehr der Revolution, darin liegt unser Problem. Es steht fest, daß ohne sie die Frage des Stalinismus bloß eine scholastische Frage wäre – ein einfaches Problem der Organisation von Gesellschaften oder der Gültigkeit des marxistischen Schemas. Es geht aber beim Stalinismus um etwas ganz anderes. Sie wissen ja: es ist gerade die Wünschbarkeit der Revolution, die heute ein Problem darstellt …

Wünschen Sie die Revolution? Wünschen Sie etwas, was über die einfache ethische Pflicht, hier und jetzt, an der Seite dieser oder jener, der Wahnsinnigen und der Gefangenen, der Unterdrückten und der Elenden zu kämpfen, hinausgeht?

Das kann ich nicht beantworten. Aber ich glaube, daß Politik anders als »politisch« zu machen heißt, mit größtmöglicher Redlichkeit herauszufinden versuchen, ob die Revolution wünschbar ist. Heißt, diesen schrecklichen Maulwurfsbau zu erforschen, in dem die Politik sich zu verlaufen droht.

Wenn die Revolution nicht mehr wünschbar wäre, bliebe dann die Politik das, was sie nach Ihren Worten ist?

Nein, ich glaube nicht. Man müßte eine neue erfinden oder etwas anderes an ihre Stelle setzen. Vielleicht erleben wir das Ende der Politik. Denn wenn es stimmt, daß die Politik ein Feld ist, das durch die Revolution eröffnet wurde, und wenn sich die Frage der Revolution in diesem Sinne nicht mehr stellt, dann kann es auch sein, daß die Politik verschwindet.

Kommen wir zurück zu Ihrer Politik, so wie Sie sie in *Der Wille zum Wissen* umrissen haben. Sie sagen: »Dort wo es Macht gibt, gibt es Widerstand.« Holen Sie damit nicht jene Natur zurück, die Sie doch gerade verabschieden wollten?

Ich denke nicht, denn der Widerstand, von dem ich spreche, ist keine Substanz. Er geht der Macht, die er bekämpft, nicht voraus. Er ist koextensiv und absolut gleichzeitig.

Das Spiegelbild der Macht? Das liefe aufs gleiche hinaus. Immer noch das Pflaster und der Strand …

Das ist es nicht mehr. Wenn das alles wäre, gäbe es keinen Widerstand. Denn der Widerstand muß sein wie die Macht: genauso erfinderisch, genauso beweglich, genauso produktiv wie sie. Muß sich wie sie organisieren und stabilisieren. Muß wie sie »von unten« kommen und sich strategisch verteilen.

»Dort, wo es Macht gibt, gibt es Widerstand« ist demnach beinahe eine Tautologie …

Absolut. Ich setze nicht eine Substanz des Widerstandes gegen eine Substanz der Macht. Ich sage einfach: Sobald es ein Machtverhältnis gibt, gibt es eine Widerstandsmöglichkeit. Wir stecken nie völlig in der Falle der Macht: Unter bestimmten Bedingungen und mit einer präzisen Strategie kann man immer ihren Zugriff abwenden.

Macht und Widerstand ... Taktik und Strategie ... Wozu im Hintergrund immer wieder Kriegsmetaphern? Meinen Sie, daß man die Macht künftig in der Form des Krieges denken muß?

Darüber weiß ich im Augenblick noch zu wenig. Eines scheint mir sicher, nämlich daß wir derzeit nur über zwei Modelle zur Analyse von Machtverhältnissen verfügen: das des Rechts (die Macht als Gesetz, Verbot, Institution) und das kriegerische oder strategische in Begriffen von Kräfteverhältnissen. Das erste ist oft gebraucht worden, und es hat sich, wie ich glaube, als unangemessen erwiesen: Man weiß, daß das Recht keine Beschreibung für die Macht ist.

Ich weiß, daß auch von dem anderen viel geredet wird. Aber es bleibt bei Worten: Man hält sich an fertige Begriffe oder Metaphern (»Krieg aller gegen alle«, »Kampf ums Überleben«) oder an formale Schemata (die Strategien sind sehr in Mode bei bestimmten, vor allem amerikanischen Soziologen und Ökonomen). Ich glaube, man müßte versuchen, diese Analyse der Kräfteverhältnisse schärfer zu fassen.

Gab es diese kriegerische Konzeption der Machtbeziehungen nicht schon bei den Marxisten?

Was mich überrascht bei den marxistischen Analysen ist, daß zwar ständig vom »Klassenkampf« die Rede ist, aber daß man der einen Hälfte des Ausdrucks, nämlich dem »Kampf«, kaum Beachtung schenkt. Die größten unter den Marxisten (angefangen mit Marx) haben sehr viel Wert auf die »militärischen« Probleme gelegt (die Armee als Apparat des Staates, bewaffneter Aufstand, revolutionärer Krieg). Sobald sie aber vom »Klassenkampf« als allgemeiner Triebkraft der Geschichte sprechen, befassen sie sich vorwiegend damit, was die Klasse ist, wo sie steht, wen sie umfaßt – nie damit, wie der Kampf konkret aussieht. Von einer Ausnahme abgesehen: den nicht theoretischen, sondern historischen Texten von Marx, die unvergleichlich scharfsinniger sind.

Meinen Sie, daß Ihr Buch diese Lücke ausfüllen kann?

Ich habe nicht diesen Anspruch. Ganz allgemein gesehen denke ich, daß die Intellektuellen – sofern diese Kategorie noch existiert oder noch existieren soll, was nicht sicher, was vielleicht nicht einmal wünschenswert ist – auf ihre alte prophetische Funktion verzichten.

Und damit meine ich nicht bloß ihren Anspruch zu sagen, was geschehen wird, sondern auch die Funktion des Gesetzgebers, nach der sie so lange gestrebt haben: »Das muß man machen, das ist gut, folgt mir! Ich bin der Anhaltspunkt in eurer Bewegung!« Die Modelle des griechischen Weisen, des jüdischen Propheten und des römi-

schen Gesetzgebers spuken immer noch in den Köpfen derer, die heute von Berufs wegen sprechen und schreiben. Ich träume von dem Intellektuellen als dem Zerstörer der Evidenzen und Universalien, der in den Trägheitsmomenten und Zwängen der Gegenwart die Schwachstellen, Öffnungen und Kraftlinien kenntlich macht, der fortwährend seinen Ort wechselt, nicht sicher weiß, wo er morgen sein noch was er denken wird, weil seine Aufmerksamkeit allein der Gegenwart gilt; der, wo er gerade ist, seinen Teil zu der Frage beiträgt, ob die Revolution der Mühe wert ist und welche (ich meine: welche Revolution und welche Mühe), wobei sich von selbst versteht, daß nur die sie beantworten können, die bereit sind, ihr Leben aufs Spiel zu setzen, um sie zu machen.
Was all die Fragen nach Einordnung oder Programm betrifft, die man uns stellt: »Sind Sie Marxist?«, »Was würden Sie machen, wenn Sie die Macht hätten?«, »Wer sind Ihre Verbündeten und wo sind Sie Mitglied?« – das sind Fragen, die wirklich zweitrangig sind gegenüber der, die ich eben genannt habe. Das ist die Frage, die sich heute stellt.

Das Interview führte Bernard-Henri Lévy

Ein ganz harmloses Vergnügen

Homosexuelle, so eine psychiatrische Abhandlung, begehen oft Selbstmord. »Oft« gefällt mir ausgezeichnet. Stellen wir uns also lange, schmächtige Jungen mit viel zu blassen Wangen vor; unfähig, die Schwelle zum anderen Geschlecht zu überqueren, verbringen sie ihr Leben lang an der Schwelle zum Tod, stets auf dem Sprung, es schleunigst zu verlassen und die Tür geräuschvoll zuzuschlagen. So etwas belästigt natürlich die Nachbarn. Anstatt mit dem schönen Geschlecht, vermählen sie sich mit dem Tod, mit der anderen Seite anstatt mit dem anderen Geschlecht. Sie können aber ebensowenig richtig sterben wie wirklich leben. Mit diesem lächerlichen Spiel bringen sich Homosexuelle und Selbstmord gegenseitig in Verruf.

Wir wollen uns hier ein wenig für den Selbstmord einsetzen. Nicht für das Recht darauf, worüber zu viele schon allerhand Gutes gesagt haben. Vielmehr wollen wir etwas gegen das Erbärmliche sagen, als das er hingestellt wird. Gegen die Demütigungen, die Heuchelei und das verdächtige Betragen, das ihm notgedrungen anhaftet: heimlich und hastig Pillenschachteln sammeln, ein gutes solides Rasiermesser von einst auftreiben, vor dem Schaufenster einer Waffenhandlung herumlungern, hineingehen und dabei möglichst einen guten Eindruck machen. Während man doch, so denke ich, weniger einen Anspruch auf eifrige Rücksichtnahme (was eher peinlich wäre) als auf ernsthafte und sachkundige Beratung hätte. Man sollte über die Eigenschaften und Wirkungen jeder Waffe diskutieren können, man hätte gern einen erfahrenen Verkäufer, lächelnd und ermutigend, aber zurückhaltend und nicht zu geschwätzig; er sollte wohl verstehen, daß er es mit einer Person zu tun hat, die zwar guten Willens, aber ungeschickt ist, denn sie ist nie auf den Gedanken gekommen, ein Gerät zu benutzen, das dazu dient, auf jemand anderen zu schießen. So sollte ihn seine Dienstbeflissenheit nicht hindern, Ihnen zu anderen Mitteln zu raten, die zu Ihrer Lebensart und Ihrem Naturell vielleicht besser passen. Diese Art des Handels und der Unterhaltung taugte tausendmal mehr als die Auseinandersetzungen mit den um die Leiche herumstehenden Angestellten des Bestattungsunternehmens.

Leute, die wir nicht kannten und die uns nicht kannten, haben es so eingerichtet, daß wir eines Tages plötzlich

existierten. Sie gaben vor und haben es sich zweifellos ernsthaft eingebildet, uns zu erwarten. Jedenfalls haben sie unseren Eintritt in die »Welt« mit viel Sorgfalt und ein wenig unbeholfener Feierlichkeit vorbereitet. So geht es nicht an, daß man uns nicht gestattet, mit aller gewünschten Sorgfalt, Intensität und Tatkraft und mit einigen Eingeweihten, an denen uns liegt, dieses Etwas vorzubereiten, an das wir schon lange denken und dessen Plan wir seit unserer Kindheit – seit einem Sommerabend vielleicht – hegen. Es sieht so aus, als ob für die menschliche Gattung das Leben vergänglich und der Tod gewiß ist. Warum muß man aus dieser Gewißheit nun einen Zufall machen, der durch sein plötzliches und unvermeidliches Eintreten die Züge einer Bestrafung annimmt?
Die Weisheiten, die versprechen, das Sterben zu lehren, und die Philosophien, die angeben, wie man davon zu denken hat, nerven mich ein wenig. Was uns angeblich »darauf vorbereitet«, bleibt mir gleichgültig. Man muß es vorbereiten und arrangieren, es Stück für Stück fabrizieren und berechnen, am besten schon seine Ingredienzien finden, es sich vorstellen, auswählen und Rat einholen, man muß daran arbeiten, um daraus ein Werk ohne Zuschauer machen zu können, ein Werk, das allein für mich da ist und gerade so lange, wie die kleinste Sekunde des Lebens dauert. Die Hinterbliebenen, ich weiß wohl, sehen rings um den Selbstmord nur jämmerliche Spuren von Einsamkeit und Ungeschicklichkeit, Rufe

ohne Antwort. Sie kommen nicht umhin, die Frage nach dem »Warum?« zu stellen. Dabei sollte man gerade diese Frage in bezug auf den Selbstmord nicht stellen.
»Warum? Ja, ganz einfach deshalb, weil ich es gewollt habe.« Es stimmt, daß der Selbstmord entmutigende Spuren hinterläßt. Aber wer ist dafür verantwortlich? Glauben Sie denn, daß es Spaß macht, sich in der Küche zu erhängen und eine blauangelaufene Zunge herauszustrecken? Oder sich im Badezimmer einzuschließen, um den Gashahn aufzudrehen? Oder auf dem Bürgersteig ein kleines Stückchen Hirn zurückzulassen, das die Hunde beschnuppern? Ich glaube an die Spirale des Selbstmords: Gewiß fühlen sich die meisten Leute gedemütigt, wenn sie sich all die Peinlichkeiten vorstellen, zu dem man einen Selbstmordkandidaten zwingt (ganz zu schweigen von den Selbstmördern selbst – mit der Polizei, der Feuerwehr, dem Hauswart, der Autopsie und anderem mehr); also bringen sich viele lieber um, als weiter daran denken zu müssen.
Ratschlag für Menschenfreunde: Wenn Ihr wirklich erreichen wollt, daß die Zahl der Selbstmörder abnimmt, dann sorgt dafür, daß sich nur noch Leute umbringen, die dies ruhig und überlegt und frei von Ungewißheit tun. Man sollte den Selbstmord nicht den Unglücksraben überlassen, die ihn vielleicht verpfuschen und daraus etwas Elendes machen. Auf jeden Fall gibt es viel weniger Glückliche als Unglückliche.

Es erschien mir immer schon seltsam, wenn man sagte, über den Tod brauche man sich nicht zu sorgen, denn zwischen dem Leben und dem Nichts sei er selbst eigentlich nichts. Doch müßte nicht gerade dieses Wenige aufs Spiel gesetzt werden? Es müßte daraus etwas gemacht werden, und zwar etwas Gutes.

Zweifelsohne haben wir eine Menge Vergnügungen versäumt, wir haben mittelmäßige gehabt und haben uns andere entgehen lassen – aus Unachtsamkeit, Faulheit oder Phantasielosigkeit oder auch wegen mangelnder Hartnäckigkeit; wir haben so viele völlig monotone Vergnügungen gehabt. Glücklicherweise verfügen wir nun über jenen absolut einzigartigen Moment: Vor allem um ihn muß man sich sorgen; und zwar nicht, um sich zu beunruhigen oder sich wieder zu vergewissern; um daraus vielmehr ein ungemessenes Vergnügen zu machen. Seine geduldige, beharrliche, von Fatalismus aber gänzlich freie Vorbereitung wird das ganze Leben erleuchten. Selbstmordfest und Selbstmordorgie sind nur Formeln; es gibt andere ausgesuchtere und überlegtere Formen.

Wenn ich die *funeral homes* in den Straßen der amerikanischen Städte sehe, so bekümmert mich nicht nur ihre entsetzliche Banalität (als sollte der Tod jeden Funken Phantasie auslöschen), sondern ich bedauere, daß sie nur für Leichen genutzt werden und von Familien, die glücklich sind, noch am Leben zu sein. Warum gibt es denn für jene, die relativ mittellos sind oder so lange überlegt haben, daß sie es satt haben und sich nun auf völlig standardisierte Kunstgriffe verlassen, warum gibt es für sie nicht jene phantastischen Labyrinthe, welche die Japaner für den Sex eingerichtet haben und *Love Hotel* nennen? Allerdings verstehen diese vom Selbstmord mehr als wir.

Wenn Sie einmal die Gelegenheit haben sollten, ins Chantilly in Tokio zu gehen, dann werden Sie verstehen, was ich gemeint habe. Man ahnt dort, daß Orte ohne Geographie und Kalender möglich sind. Orte, die man betritt, um dort – inmitten der absurdesten Dekorationen mit namenlosen Partnern – die Gelegenheit zum Sterben zu finden, frei von jeglicher Identität. Man würde dort eine unbestimmte Zeit verbringen, Sekunden, Wochen, vielleicht Monate, bis sich mit gebieterischer Evidenz die Gelegenheit bietet, von der man sogleich weiß, daß man sie nicht verpassen kann: Sie hätte die formlose Form eines ganz harmlosen Vergnügens.

Von der Freundschaft als Lebensweise

Interview (1981)

Sie haben die Fünfzig überschritten und lesen unsere Zeitschrift, die es erst zwei Jahre lang gibt. Sind die Beiträge im *Gai Pied* für Sie alles in allem etwas Positives?

Daß es die Zeitschrift gibt, ist positiv und wichtig. Ich durfte allerdings von Ihrer Zeitschrift verlangen, daß ich mir als deren Leser nicht die Frage meines Alters zu stellen brauchte. Nun mußte ich sie mir beim Lesen aber notgedrungen doch stellen. Und ich war nicht sehr zufrieden mit der Art und Weise, auf die ich dazu gebracht wurde. Ich hatte darin einfach keinen Platz.

Das Problem liegt dabei vielleicht an der Altersklasse derer, die an der Zeitung mitarbeiten und sie lesen: Die meisten sind zwischen fünfundzwanzig und dreißig Jahre alt.

Selbstverständlich, je mehr von jungen Leuten geschrieben wird, desto mehr betrifft es auch junge Leute. Das

Problem ist jedoch nicht, einer Altersklasse neben einer anderen Platz zu schaffen, sondern herauszukriegen, was man dagegen machen kann, daß Homosexualität weitgehend mit der Liebe zwischen jungen Leuten gleichgesetzt wird.
Zudem muß man der Tendenz mißtrauen, wonach die Frage der Homosexualität zurückführt auf die Frage: »Wer bin ich? Was ist das Geheimnis meines Begehrens?« Vielleicht sollte man eher fragen: »Was für Beziehungen können über die Homosexualität aufgebaut, entworfen, erweitert und von Fall zu Fall verschieden gestaltet werden?« Es geht nicht so sehr darum, die Wahrheit seines Geschlechtslebens an sich aufzudecken, als darum, seine Sexualität nunmehr zum Aufbau vielfältiger Beziehungen zu nutzen. Und zweifellos liegt hier auch der wahre Grund dafür, weshalb Homosexualität keine Form des Wunsches, sondern etwas Wünschenswertes ist. Wir müssen also leidenschaftlich daran arbeiten, homosexuell zu werden, und dürfen uns nicht hartnäckig darauf versteifen, daß wir es schon sind. Das Problem der Homosexualität entwickelt sich mehr und mehr zu einem Problem der Freundschaft.

Dachten Sie das schon mit zwanzig, oder haben Sie es erst im Laufe der Jahre entdeckt?

Soweit ich zurückdenken kann, hieß für mich Lust auf Typen haben immer schon Lust auf Beziehungen mit

Typen haben. Das war mir stets wichtig; und zwar nicht unbedingt in Form einer Zweierbeziehung, sondern als eine Frage der Existenz: Wie ist es Männern möglich, zusammen zu sein und zusammen zu leben, ihre Zeit und ihre Mahlzeiten miteinander zu teilen, ihr Zimmer und ihre freie Zeit, ihren Kummer, ihr Wissen und ihr Vertrauen? Was bedeutet es denn, unter Männern zu sein, »entblößt« und außerhalb von allen institutionellen und familiären Bindungen, außerhalb der Berufsbeziehungen und aufgezwungener Kameradschaft? Es ist ein Begehren und eine Unruhe, Begehrensunruhe, das viele verspüren.

Ließe sich behaupten, daß der Bezug zum Begehren und zur Lust, und die Beziehung, die man eingehen kann, vom Alter abhängig sind?

Ja, vollkommen. Die Altersunterschiede zwischen einem Mann und einer jüngeren Frau werden institutionell eingeebnet: Man akzeptiert die jüngere Frau, akzeptiert sie in ihrer Funktion als Ehefrau. Welchen Code können hingegen Männer mit beträchtlichem Altersunterschied benutzen, um miteinander in Kontakt zu kommen? Sie stehen einander ohne Waffen oder passende Worte gegenüber, ohne etwas, das ihnen den Sinn der Bewegung, die sie einander zuträgt, bestätigen könnte. Sie müssen von A bis Z eine Beziehung erfinden, die noch formlos ist: die Freundschaft, d.h. die Summe all dessen, womit sie einander Freude bereiten können. Man gesteht es den anderen ja auch zu, Homosexualität allein als unmittelbares Lusterleben zweier Typen hinzustellen, zweier Typen, die sich auf der Straße begegnen, sich mit einem Blick verführen, sich am Hintern fassen und sich für ein Viertelstündchen vergessen. Damit hat man so etwas wie ein heiles Bild von der Homosexualität, dem alle Unruhe aus zweierlei Gründen ausgetrieben ist: Es entspricht einem gängigen Schönheitskanon und tilgt alles, was an der Zuneigung und der Zärtlichkeit, der Treue und der Freundschaft, der Kameradschaft und der Partnerschaft beunruhigend sein könnte – an Werten, denen eine schon leicht angeschlagene Gesellschaft keinen Platz mehr zugestehen kann, ohne zu fürchten, daß daraus Bindungen entstehen und Kraftlinien sich unerwartet miteinander verknüpfen. Es geht eher um die homosexuelle Lebensweise als um den Geschlechtsakt selbst: Gerade das, denke ich, macht die Homosexualität so »aufregend«. Die Leute stört nicht etwa, daß sie sich einen Geschlechtsakt vorstellen, der nicht dem Gesetz oder der Natur entspricht. Das Problem entsteht vielmehr erst, wenn jene Individuen sich zu lieben beginnen. Die Institution wird sozusagen von hinten aufgewickelt; sie wird von Gefühlsintensitäten durchquert, die sie aufrechterhalten, aber zugleich zerrütten: Man braucht sich nur die Armee anzugucken – die Liebe zwischen Männern wird dort unaufhörlich beschworen *und* verhöhnt. Die institutionellen Codes können jene Beziehungen mit vielfältigen Intensitäten und wechselnden Schattierungen, mit kaum merklichen Bewegungen und veränderlichen Formen nicht gelten lassen – jene Beziehungen, die sich gleichsam kurzschließen und dort Liebe einführen, wo es Gesetz, Regel oder Gewohnheit geben sollte.

Vorhin haben Sie gesagt: »Anstatt verflossenen Freuden nachzuweinen, interessiert mich, was wir aus uns selber machen können.« Könnten Sie das genauer ausführen?

Askese als Lustverzicht steht nicht hoch im Kurs. Doch Askese ist etwas anderes: Es ist die Arbeit, die man an sich selbst leistet, um sich zu verwandeln oder jenes *Selbst* erscheinen zu lassen, das man glücklicherweise nie erreicht. Sollte heute nicht gerade hier unser Problem liegen? Die Askese wurde verabschiedet. Es liegt nun an uns, zu einer homosexuellen Askese zu gelangen, die uns an uns selbst arbeiten und eine Lebensart erfinden (ich sage nicht entdecken!) läßt, die noch unwahrscheinlich scheint.

Ist damit gemeint, daß ein homosexueller Junge gegenüber den homosexuellen Bildwelten sehr zurückhaltend sein und an etwas anderem arbeiten sollte?

Offenbar müssen wir nicht so sehr daran arbeiten, unser Begehren zu befreien, als daran, selbst unendlich genußfähiger zu werden. Man muß von den beiden stereotypen Klischees der rein sexuellen Begegnung einerseits und der Identitätsverschmelzung in der Liebe andererseits wegkommen.

Kann man Anfänge zum Aufbau von starken Beziehungen nicht schon in den Vereinigten Staaten sehen, jedenfalls in den Städten, in denen das Problem der sexuellen Misere anscheinend geregelt ist?

Gewiß erscheint mir zumindest, daß – selbst wenn die sexuelle Misere im Grunde fortbesteht – in den Vereinigten Staaten das Interesse an Freundschaften stark zugenommen hat. Man fängt nicht einfach eine Beziehung an, um damit zum Sexkonsum gelangen zu können, was sehr einfach ist, sondern die Leute konzentrieren sich gerade auf Freundschaften. Wie kann man über sexuelle Praktiken zu einer Beziehungsform gelangen? Ist es möglich, eine homosexuelle Lebensweise zu entwickeln?
Der Begriff der Lebensweise erscheint mir wichtig. Sollte man nicht eine feinere Unterscheidung einführen, die nicht mehr nach sozialen Klassen, Berufsgruppen oder Kulturniveaus verfährt, sondern sich an einer Beziehungsform, das heißt an der »Lebensweise« orientiert? Eine Lebensweise kann von Individuen geteilt werden, die sich in bezug auf Alter, Status und soziale Tätigkeit unterscheiden. Sie kann zu intensiven Beziehungen führen, die keiner institutionalisierten Beziehung gleichen. Und eine Lebensweise kann, glaube ich, zu einer Kultur und einer Ethik führen. »Schwul« sein heißt nicht, sich mit den

psychologischen Zügen und den auffälligen Masken des Homosexuellen zu identifizieren, sondern heißt, eine Lebensweise zu bestimmen und zu entwickeln suchen.

Ist das nicht ein Mythos zu sagen: »wir erleben vielleicht schon die Anfänge einer Sozialisation, die *zwischen* den Altern, Klassen oder Nationen liegt«?

Ja, ein genauso großer Mythos wie zu sagen: Es wird keinen Unterschied zwischen Homo- und Heterosexualität mehr geben. Das ist wohl auch ein Grund, weshalb die Homosexualität heute Probleme aufwirft. Viele Bewegungen zur sexuellen Befreiung befördern folgende Vorstellung: »Wenn ihr aus den furchtbaren Zwängen befreit sein werdet, die euch einengen, dann werdet ihr keinen Unterschied zwischen Männern und Frauen mehr machen.« Es bejahen, homosexuell zu sein, heißt nun aber, ein Mann sein, der seinesgleichen liebt; und die Suche nach einer Lebensweise hierfür läuft jener Ideologie der sexuellen Befreiungsbewegung aus den 60er Jahren zuwider. Gerade in diesem Sinne haben die schnauzbärtigen *clones*[12] eine Bedeutung. Auf ihre Art entgegnen sie: »Fürchtet nichts, je mehr wir befreit sein werden, desto weniger werden wir Frauen lieben und in jener Polysexualität aufgehen, in der es keinen Unterschied zwischen den einen und den anderen mehr gibt.« Und dabei stellt man sich durchaus keine totale Verschmelzung in der Gemeinschaft vor.

Die Homosexualität bietet eine historische Chance, bestehende Möglichkeiten von Beziehungen und Gefühlen wieder zu erschließen, und dies nicht so sehr aufgrund der »wahren« Eigenschaften des Homosexuellen als deswegen, weil dieser gewissermaßen »schräg« liegt und so Diagonalen ins soziale Gewebe einzuzeichnen vermag, die diese Möglichkeiten erscheinen lassen.

Hier könnten die Frauen nun folgendes einwenden: »Was gewinnen die Männer denn nun bei einer Beziehung untereinander im Vergleich zu den möglichen Beziehungen zwischen einem Mann und einer Frau oder zwischen zwei Frauen?«

In den USA ist gerade ein Buch über die Freundschaft zwischen Frauen erschienen.[13] Anhand von Zeugnissen über die Beziehungen der Zuneigung und der Leidenschaft unter Frauen bietet es sehr gutes Material. Im Vorwort schreibt die Autorin, daß sie zuerst homosexuelle Beziehungen aufspüren wollte und sich dann aber darüber klar geworden ist, daß zum einen solche Beziehungen oft gar nicht vorlagen und zum anderen die Frage, ob man nun dies oder jenes Homosexualität nennen solle oder nicht, nicht besonders interessant war. Denn sobald man eine Beziehung, wie sie sich in Worten und Gesten ausdrückt, sich entfalten läßt, erscheinen andere und sehr wesentliche Verhältnisse: Liebschaften und Gefühlsbindungen, die sehr eng, wundervoll und heiter oder auch sehr traurig und düster sind. Zudem zeigt das Buch, inwieweit der Körper der Frau eine wichtige Rolle gespielt hat, inwieweit es zwischen den weiblichen Körpern gleichsam Bündnisse gab: Eine Frau frisiert eine andere, sie hilft ihr beim Schminken und Ankleiden. Frauen hatten ein Recht auf den Körper der anderen Frau: sich um die Taille fassen, sich umarmen. Der Körper des Mannes war dem Mann auf viel drastischere Weise verboten. Wenn es stimmt, daß das Leben unter Frauen toleriert wurde, so wurde das Leben unter Männern nur in bestimmten Perioden und seit dem 19. Jahrhundert nicht allein toleriert, sondern strengstens erzwungen: ganz einfach, in den Kriegen.

Auch in den Gefangenenlagern. Da waren Soldaten und junge Offiziere, die Monate und Jahre zusammen verbrachten. Während des Ersten Weltkrieges lebten die Männer vollständig zusammen, fast aufeinander; und das bedeutete für sie schon etwas, insofern der Tod gegenwärtig war und die Bereitschaft, sich füreinander zu opfern und Dienste zu erweisen, durch ein Spiel um Leben und Tod sanktioniert war. Was weiß man denn schon – abgesehen von ein paar Äußerungen über Kameradschaft und Seelenverwandtschaft und von ein paar Brocken von Zeugnissen – schon über jene Gefühlstornados und inneren Stürme, die es in manchen Augenblicken da vielleicht gegeben hat? Und man kann sich fragen, was die Leute diese absurden und grotesken Kriege, diese infernalischen Massaker trotz allem hat durchstehen lassen …

ein Gewebe von Gefühlen zweifellos. Ich möchte nicht behaupten, daß sie deshalb weiterkämpften, weil sie ineinander verliebt waren. Doch Ehre, Mut, sein Gesicht nicht verlieren dürfen, sich opfern, mit und vor den Kameraden aus dem Schützengraben kommen – all das setzte ein sehr intensives Gefühlsgeflecht voraus. Es geht hier nicht darum zu sagen: »Aha, da haben wir also die Homosexualität.« Diese Art von Geschwätz ist mir zuwider. Bestimmt liegt hier aber eine, wenngleich nicht die einzige Voraussetzung, die jenes infernalische Leben ermöglichte, in dem die Typen wochenlang in Morast, Kadavern und Scheiße herumwateten, fast vor Hunger starben und am Morgen des Angriffs völlig weggetreten waren.
Schließlich möchte ich hinzufügen, daß etwas Durchdachtes und Gewolltes – etwa eine Veröffentlichung – eine homosexuelle Kultur ermöglichen, das heißt Werkzeuge für vielgestaltige, variable und individuell ausgeprägte Beziehungen an die Hand geben sollte. Die Idee eines Programms mit Vorschlägen ist jedoch gefährlich. Sobald ein Programm vorliegt, wird es Gesetz, verbietet andere Entwürfe und Erfindungen. Es müßte einen Erfindungsgeist geben, der unserer Situation entspricht und jenem Verlangen nach dem, was die Amerikaner *coming out* nennen, das heißt, danach aus sich herauszugehen. Das Programm muß leer sein. Man muß einen Hohlraum schaffen, zeigen, wie die Dinge historisch zufällig eingetreten sind, zwar aus diesem oder jenem verstehbaren Grund,

aber nicht notwendig. Man muß das Verstehbare auf dem Hintergrund des Leeren erscheinen lassen, Notwendigkeiten verneinen und denken, daß das Vorhandene noch lange nicht alle möglichen Räume ausfüllt. Das hieße, aus der Frage: Womit kann man spielen und wie ein Spiel erfinden? eine Herausforderung machen, an der man nicht vorbeikommt.

Michel Foucault, wir danken für dieses Gespräch.

Für Gai Pied:
R. de Ceccaty, J. Danet und J. Le Bitoux

Pierre Boulez oder die aufgerissene Wand

Was hat es bedeutet, daß ich durch Zufall und das Privileg einer gefundenen Freundschaft ein bißchen von dem wahrgenommen habe, was sich in der Musik abspielte – vor nunmehr 30 Jahren? Ich war damals lediglich ein Zaungast, festgehalten durch die Zuneigung, eine gewisse Verstörtheit, Neugier und das seltsame Gefühl, einer Entwicklung beizuwohnen, der ich kaum folgen konnte. Das war eine Chance: Die Musik war nämlich damals von den Außen-Diskursen im Stich gelassen worden.

In jener Zeit war die Malerei ein Thema fürs Sprechen, jedenfalls fühlten sich die Ästhetik, die Philosophie, die Reflexion, der Geschmack – und die Politik, wenn ich mich recht erinnere – befugt, sich darüber auszulassen, und machten daraus eine Art Pflichtübung: Piero della Francesca, Venedig, Cézanne oder Braque. Das Schweigen aber gewährte der Musik Schutz und wahrte ihr

Ungestüm. Eine der großen Transformationen der Kunst im 20. Jahrhundert blieb außerhalb der etablierten Reflexionsformen, die in Gewohnheiten zu erstarren drohten. Damals wie heute fällt es mir schwer, über Musik zu sprechen. Ich weiß nur, daß die Ahnung – zumeist vermittelt durch einen anderen – dessen, was sich bei Boulez abspielte, es mir ermöglichte, mich fremd zu fühlen in der Denkwelt, in der ich gebildet worden war, der ich noch immer angehörte und die für mich wie für viele andere immer noch ihre Evidenz besaß. Vielleicht ist es gut, daß die Dinge so liefen: Hätte ich etwas gehabt, diese Erfahrung zu begreifen, dann hätte ich das vielleicht nur als Gelegenheit benützt, sie irgendwo unterzubringen, wo sie nicht hingehört.

Man glaubt gern, eine Kultur hänge mehr an ihren Werten als an ihren Formen; diese könnten leicht verändert, aufgegeben und wieder aufgenommen werden; allein der Sinn sei tief verwurzelt. Dabei wird verkannt, in welchem Maße die Formen bei ihrer Auflösung und ihrer Entstehung Befremden hervorriefen oder Haß auslösten; dabei wird auch verkannt, daß man stärker an der Art und Weise des Sehens, Sprechens, Handelns und Denkens hängt als an dem, was man sieht, was man denkt, sagt oder tut. Der Kampf der Formen im Abendland war ebenso heftig, wenn nicht heftiger, als derjenige der Ideen oder der Werte. Im 20. Jahrhundert haben die Dinge freilich eine besondere Wendung genommen: Das »Formale«

selbst, die gezielte Arbeit am System der Formen ist entscheidend geworden. Sie ist zu einem herausgehobenen Gegenstand moralischer Feindseligkeiten, ästhetischer Debatten und politischer Konfrontationen geworden.

Boulez und der Musik zu dem Zeitpunkt zu begegnen, als man uns die Vorrechte des Sinns, des Gelebten, des Körperlichen, der ursprünglichen Erfahrung, der subjektiven Inhalte oder der sozialen Bedeutungen lehrte, hieß das 20. Jahrhundert unter einem Blickwinkel zu sehen, der nicht sehr vertraut war: dem einer langen Auseinandersetzung um das »Formale«. Es galt zu erkennen, wie in Rußland, in Deutschland, in Österreich, in Mitteleuropa die Arbeit des Formalen im Bereich der Musik, der Malerei, der Architektur oder der Philosophie, der Linguistik und der Mythologie die alten Probleme entwertet und die Denkweisen erschüttert hatte. Eine ganze Geschichte des Formalen im 20. Jahrhundert wäre zu schreiben. Es wäre zu versuchen, es als Transformations- und Innovationskraft zu würdigen und als Ort des Denkens zu verdeutlichen, jenseits der Bilder des »Formalismus«, hinter denen man es verschwinden lassen wollte. Zudem müßten die schwierigen Beziehungen des Formalen zur Politik beschrieben werden. Es darf nicht vergessen werden, daß es in den stalinistischen und faschistischen Ländern sofort als feindliche Ideologie oder als zu bekämpfende Kunst eingestuft wurde. Es war der große Gegner der Akademie- und Parteidogmatismen.

Die Kämpfe um das Formale waren eines der großen Kulturmerkmale des 20. Jahrhunderts. Um zu Mallarmé, zu Klee, zu Char, zu Michaux und später zu Cummings zu gelangen, brauchte Boulez nur eine gerade Linie ohne Umweg oder Vermittlung. Oft ist der Übergang eines Musikers zur Malerei, eines Malers zur Dichtung, eines Dramatikers zur Musik vermittelt durch eine umfassende Figur sowie durch eine universalisierende Ästhetik: Romantik, Expressionismus usw. Boulez ging direkt von einem Punkt zum anderen, von einer Erfahrung zur anderen, weniger aufgrund einer Ideenverwandtschaft als aufgrund einer Konjunkturnotwendigkeit.

In einem gewissen Moment seiner Arbeit und an einem bestimmten Punkt seines Weges (wobei dieser Punkt und dieser Moment ganz innerhalb der Musik liegen) vollzog sich plötzlich der Zufall einer Begegnung, der Blitz einer Nähe. Unnötig, sich zu fragen, welcher gemeinsamen Ästhetik, welcher analogen Weltanschauung die beiden *Visage nuptial* und die beiden *Marteau sans maître,* die von Boulez und die von Char, wohl angehören mochten.[14] Es gab nämlich keine. Von diesem ersten Zusammenstoß an begann eine Arbeit des einen über den anderen: Die Musik führte das Gedicht weiter, das seinerseits die Musik weiterführte. Eine Arbeit, die umso genauer war und umso mehr von einer gewissen Analyse abhing, als sie keiner vorgängigen Zugehörigkeit Vertrauen schenken mochte.

Diese zugleich riskante und reflektierte wechselseitige Bezugnahme war eine besondere Lektion gegen die Kategorien des Universalen. Nicht der Aufstieg zum höchsten Standort, nicht der Zugang zum Punkt der größten Übersicht gibt uns das beste Tageslicht. Das kräftige Licht kommt von der Seite, daher, daß eine Wand durchdrungen, eine Mauer durchbrochen, zwei Intensitäten zusammengebracht, ein Abstand mit einem Satz überwunden wird. Den großen verschwommenen Linien, die den allgemeinen Sinn verdeutlichen, die Gesichter konturenlos macht und die Kanten abschleift, ist das Gegeneinander der Präzisionen vorzuziehen. Halten wir uns nicht damit auf, daß nichts ohne einen gemeinsamen Diskurs und eine übergreifende Theorie Bestand hat. In der Kunst wie im Denken rechtfertigt sich die Begegnung nur durch die neue Notwendigkeit, die durch sie etabliert wurde.

Boulez Verhältnis zur Geschichte – ich will sagen, zur Geschichte seiner eigenen Praktik – war intensiv und kriegerisch; für viele – und ich gehöre zu denen – ist er, glaube ich, lange rätselhaft geblieben. Boulez verabscheute die Haltung, die aus der Vergangenheit einen fixen Baustein holt und ihm innerhalb der aktuellen Musik Variationen abzugewinnen sucht: eine »klassizistische« Haltung, wie er sagt; ebenso verabscheute er die »archaisierende« Haltung, die die aktuelle Musik zum Orientierungspunkt nimmt und sich bemüht, ihr die künstliche Jugend vergangener Elemente einzupflanzen. Ich

glaube, bei dieser Aufmerksamkeit für die Geschichte ging es ihm darum, so zu verfahren, daß nichts darin fest bleibt, weder das Gegenwärtige noch das Vergangene. Er wünschte sie beide in einer ständigen wechselseitigen Bewegung; wenn er sich einem gegebenen Werk aufs engste annäherte, wobei er aus seiner möglichst feinen Zerlegung sein dynamisches Prinzip gewann, so suchte er nicht, daraus ein Denkmal zu machen; er versuchte es zu durchqueren, »quer durchzugehen«, es mit einem Mal auseinanderzunehmen, daß selbst die Gegenwart davon noch in Bewegung geraten sollte. »Es aufreißen wie eine Wand«, sagt er heute gerne, wenn er, wie in den *Paravents,*[15] an die Geste denkt, die zerstört, durch die man selbst stirbt und die es ermöglicht, auf die andere Seite des Todes zu wechseln.
Es gab etwas Verwirrendes in diesem Verhältnis zur Geschichte: Die Werte, die es voraussetzte, zeigten keine Polarität in der Zeit an – Fortschritt oder Dekadenz; sie bestimmten keine heiligen Orte. Sie markierten Intensitätspunkte, die zugleich Gegenstände »zum Reflektieren« waren. Dieses Verhältnis zur Geschichte nahm die Form der musikalischen Analyse an – einer Analyse, die nicht die Gebrauchsregeln einer kanonischen Form sucht, sondern die Aufdeckung eines Prinzips vielfältiger Beziehungen. Man sah aus dieser Praktik ein Verhältnis zur Geschichte erwachsen, das die Kumulationen mißachtete und sich über die Totalitäten lustig machte: Ihr Gesetz,

das war die doppelte gleichzeitige Transformation der Vergangenheit und Gegenwart durch die Bewegung, die von der einen und von der anderen losmacht, indem sie die andere und die eine ausarbeitet.
Boulez hat nie der Idee angehangen, für die Kunstpraxis sei jedes Denken, das sich nicht auf die Reflexion der Regeln einer Technik und auf deren eigenes Spiel beschränkt, überflüssig. Deshalb mochte er auch Valéry nicht besonders. Gerade vom Denken erwartete er, daß es ihm ermögliche, ständig etwas anderes zu tun als das, was er macht. Es sollte in dem so geregelten, so reflektierten Spiel, das er spielte, einen neuen Freiraum eröffnen. Immer wieder haben ihm Leute technische Willkür oder auch Theorielastigkeit vorgeworfen. Dabei lag für ihn das Wesentliche darin, die Praktik möglichst nahe an ihren inneren Notwendigkeiten zu denken, ohne sich jedoch einer von ihnen, so als seien es souveräne Forderungen, zu beugen. Welche Rolle spielt somit das Denken bei dem, was man tut, wenn es weder simples Know-how noch reine Theorie sein soll? Boulez hat es gezeigt: Es gibt die Kraft, die Regeln im selben Akt zu durchbrechen, der sie ins Spiel bringt.

Raymond Roussel

Ein Vorläufer unserer modernen Literatur

Das Werk von Raymond Roussel durchzieht seit Jahren unterschwellig unsere Sprache, und wir wußten kaum etwas davon. Es bedurfte der *Streichungen*[16] von Leiris, es bedurfte Robbe-Grillet und Butor, damit wir diese eindringliche Stimme hören konnten, die den Surrealisten schon so fremd und nah zugleich erschienen war. Heute begegnen wir ihr aufs neue, doch ist sie nicht mehr dieselbe, die sie für Breton war, als er die *Anthologie des Schwarzen Humors* zusammenstellte. Anders und viel zugänglicher ist sie, urteilt man nach den häufigen Neuauflagen, den Übersetzungen und den zahllosen heute in allen Sprachen erscheinenden Artikeln.[17]

Und doch ist dieses Werk nur in der Art geöffnet, wie es Gänge sind, die sich ins Unendliche verdoppeln und vielleicht zu nichts anderem als zu neuen Verzweigungen führen, die selbst wieder geteilt sind. Erster Zweig: die

beschreibenden Werke (*La doublure*, 1897, und sieben Jahre später *La vue*); der Karneval von Nizza; ein Briefkopf; das Etikett einer Flasche Evian-Wasser, das man durch die kleine Linse eines Füllhalters sieht, Souvenir, das man im Basar kaufte. Und all das steht in Alexandrinern. Die Sprache ist flach auf die Dinge gelegt; peinlich genau durchläuft sie so die Details, aber ohne Perspektive noch Proportion; alles ist von weitem gesehen, jedoch mit einem so durchdringenden, so souveränen und neutralen Blick, daß selbst das Unsichtbare darin auftaucht, in einem einzigen unbeweglichen und spiegelglatten Licht.
Zweiter Zweig: die Wunder der *Eindrücke aus Afrika* und von *Locus Solus.* Dieselbe Sprache, gespannt bis zum Äußersten, dient dazu, das Unmögliche zu beschreiben: ein Zwerg, der in einer Schublade haust; ein Jüngling, der mit den Klumpen seines meergrünen Blutes Quallen füttert; gefrorene Kadaver, die in Kühlschränken mechanisch den Augenblick ihres Todes wiederholen. Und dann andere Gänge, die abzweigen: Theaterstücke (die zu einigen schönen surrealistischen Prügeleien Anlaß gaben), ein Gedicht in verschachtelten Parenthesen, ein kurzes autobiographisches Fragment.
Außer einigen herrlichen von Leiris erzählten Anekdoten bleiben uns nur wenige Anhaltspunkte, um uns in diesem Labyrinth zurechtzufinden. Es gibt wohl die faule Hypothese von der esoterischen Sprache. Zu einem schwierigen Text gehöre der eingeweihte Autor. Aber eben

das bringt uns sowenig wie der Hinweis weiter, daß Roussel wahnsinnig gewesen sei, die schönsten Besessenheits symptome gezeigt habe und daß Janet ihn behandelt, aber nicht geheilt hat. Wahnsinn oder Initiation (vielleicht beides), all das sagt uns nichts über den Teil dieses Werkes, der die heutige Sprache berührt: sie berührt und zugleich von ihr sein Licht erhält.

La vue und *Der Augenzeuge (Le voyeur)* sind zwei verwandte Texte. Bei Roussel wie bei Robbe-Grillet heißt Beschreibung nicht Treue der Sprache gegenüber den Gegenständen, sondern die ständige Neugeburt einer unendlichen Beziehung zwischen Wörtern und Dingen. So wie die Sprache vordringt, enthüllt sie beständig neue Gegenstände, entzündet Licht und Schatten, läßt die Oberfläche aufplatzen, stört die Linien. Sie folgt nicht den Wahrnehmungen, sie bahnt ihnen einen Weg, und in ihrer Bahn wieder stumm geworden, beginnen die Dinge für sich zu leuchten und vergessen, daß sie zuvor noch »gesprochen« wurden. Von Anfang an durch die Sprache von ihrem Platz gerückt, haben die Dinge kein Geheimnis mehr; und sie bieten sich eins neben dem anderen an, ohne Dichte, ohne Proportion, in einem »Wort für Wort«, das sie ablegt, alle gleich, alle gleichermaßen ihres Mysteriums entblößt, alle gleichgestrichen, alle gleich unruhig und versessen darauf, da zu sein, auf der hauchdünnen Oberfläche der Sätze. Robbe-Grillet hat kürzlich in Zusammenhang mit Roussel diesen »Gemeinplatz« des Blickes und der Sprache, oberhalb dessen es nichts zu sagen und zu sehen gibt, bewundernswert analysiert.[18]

Die andere Seite von Roussels Werk weist eine bislang kaum bekannte Form von Imagination auf. Die Spiele der *Eindrücke aus Afrika,* die Toten von *Locus Solus* gehören weder dem Traum noch dem Phantastischen an. Sie stehen dem »Außergewöhnlichen« in der Art des Jules Verne näher; aber es ist ein winziges, künstliches und unbewegliches Außergewöhnliches: Naturwunder außerhalb aller Natur und vollbracht von allmächtigen Baumeistern, die wohl keine andere Absicht verfolgen, als die griechische Geschichte in die durchsichtige Schale einer einzelnen Weintraube zu meißeln. Jules Verne, der nicht reiste, erfand das Wunderbare des Raums; Roussel, der um die Welt reiste (bei geschlossenen Vorhängen, denn er liebte das unmittelbar Sichtbare nicht, und sein Werk ließ ihm dazu auch keine Muße), wollte Zeit und Raum auf das Kugelmaß einer Monade verkürzen; und vielleicht hat er auch wie Leibniz in Marmorparzellen Seen sich kräuseln sehen. Man weiß, was es in einer verengenden Einbildungskraft, die nicht ironisch gewendet ist, an Perversem geben kann – während uns die Lyrik gerade an die unbegrenzte Ausweitung, an Steppen und große sternenweite (doch wie erhabene) Sehnsüchte gewöhnt hat.

Kurz vor seinem Selbstmord stellte Roussel jedoch eine weitere Falle auf. Er »enthüllte«, wie er seine wunderbaren Erzählungen verfaßt hat, deren Zauber jedoch wohl nur er alleine entstehen lassen konnte. Erklärung und Rat zugleich für den, der gleiches tun möchte: einen Satz zufällig nehmen, aus einem Lied, einer Reklame, einer Visitenkarte; ihn auf seine phonetischen Elemente zurückführen und daraus andere Wörter bilden, die den notwendigen Handlungsrahmen setzen. All die mikroskopischen Wunder, all die leeren Maschinerien aus den *Eindrücken* und aus *Locus Solus* sind nur Produkte von pulverisiertem Wortmaterial, das zerlegt und neu zusammengesetzt, das in die Luft geworfen wurde, und im wahrsten Sinne in »disparaten« Figuren wieder herunterfällt. Doch das rousselsche Disparate ist keineswegs ein Kuriosum der Einbildungskraft, es ist vielmehr der Sprachzufall, der in seiner Allmacht in das Innere seines Sprechens eingesetzt worden ist; und der Zufall ist nur eine Art, um die unwahrscheinliche Begegnung der Wörter in einen Diskurs zu überführen. Mallarmés großes Ringen um die Beziehungen von Sprache und Zufall bewegt eine Hälfte von Roussels Werk. Und die andere Hälfte, der beschreibende Teil? Nun, er beschreibt einzig Masken, Karten, Bilder, Reproduktionen: Das ist Sprache über Doubletten. Und wenn man daran denkt, daß diese wunderbaren Erzählungen mittels verdoppelter Sprache unmögliche Bilder entstehen lassen, so versteht man, daß es in Wirklichkeit in den zwei Teilen des Werkes um ein und dieselbe Figur geht, die durch die winzige Verdopplung eines Spiegels verkehrt worden ist.

Vielleicht gibt es bei Roussel noch andere Geheimnisse. Wie jedoch bei jedem Geheimnis verbirgt man nicht den Schatz, sondern die offensichtlichen Hindernisse, die trotzigen und abwehrenden Maßnahmen, die sich schleppend hinziehenden Gänge. Das Labyrinth macht den Minotaurus, nicht umgekehrt. Die moderne Literatur bringt uns das unaufhörlich bei. Deshalb hilft sie, das Werk von Roussel zu entschlüsseln, der uns zur gleichen Zeit in die Lage versetzt, daß wir sie lesen können; ihre Mechanismen »ziehen sich«, wie Sollers sagen würde, »gegenseitig auf«.

Der Ariadnefaden ist gerissen

Über *Differenz und Wiederholung* von Gilles Deleuze

Müßte ich das Buch von Deleuze *Differenz und Wiederholung*[19] »nacherzählen«, würde ich etwa diese Fabel erfinden:

Ariadne war es müde, auf Theseus' Wiederkehr aus dem Labyrinth zu warten, auf seinen monotonen Schritt zu lauern und sein Gesicht unter all den flüchtigen Schatten wiederzuerkennen. Ariadne hat sich erhängt. An der aus Identität, Erinnerung und Wiedererkennung verliebt geflochtenen Schnur dreht sich ihr Körper nachdenklich um sich selbst. Der Faden ist gerissen, und Theseus kommt nicht wieder. Er rennt und rast, taumelt und tanzt durch Gänge, Tunnel, Keller, Höhlen, Kreuzwege, Abgründe, Blitze und Donner.

Er bewegt sich nicht in der gelehrten Geometrie des wohlzentrierten Labyrinths – sondern treibt einen abschüssigen Steilhang entlang. Er geht nicht der Stätte seiner

Erprobung entgegen, wo der Sieg ihm Rückkehr verspricht – sondern fröhlich nähert er sich dem Monster ohne Identität, dem Ungeheuer, das keiner Art angehört, das Mensch *und* Tier in einem ist, das die leer ablaufende Zeit des unterweltlichen Richters und die geschlechtlich jähe Gewalt des Stieres in sich vereinigt. Und er nähert sich ihm nicht, um diese Unform von der Erde zu tilgen, sondern um sich in ihrem Chaos zu verlieren. Hier (und nicht in Naxos) liegt vielleicht der bacchische Gott auf der Lauer: Dionysos der Maskierte, der Verkleidete, der endlos Wiederholte.

Der berühmte und so fest gedachte Faden ist zerrissen; Ariadne ist verlassen worden, ehe man es glauben mochte. Und die ganze Geschichte des abendländischen Denkens ist neu zu schreiben.

Jedoch wird meine Fabel dem Buch von Deleuze nicht gerecht. Es ist ja nicht die soundsovielte Erzählung vom Anfang und vom Ende der Metaphysik. Es ist das Theater, die Bühne, die Probe einer neuen Philosophie, und auf der nackten Fläche jeder Seite stirbt Ariadne, tanzt Theseus, brüllt Minotaurus und bricht das Gefolge des vielgestaltigen Gottes in Gelächter aus. Es gab die Philosophie als Roman (Hegel, Sartre); es gab die Philosophie als Meditation (Descartes, Heidegger); nun ersteht nach Zarathustra die Philosophie wieder als Theater. Nicht als Reflexion über das Theater oder als Theater voller Bedeutungen. Sondern eine Philosophie, die zur Bühne mit

Personen und Zeichen geworden ist: Aufführung eines einzigen unwiederholbaren Ereignisses.

Das Buch von Deleuze sollte man aufschlagen wie die Türen eines Theaters, wenn das Rampenlicht aufleuchtet und der Vorhang sich hebt. Zitierte Autoren und unzählige Anspielungen – das sind die Personen. Sie sagen *ihren* Text auf (den Text, den sie anderswo, in anderen Büchern, auf anderen Szenen gesprochen haben und der sich hier anders abspielt; das ist die listenreiche Technik der »Collage«). Jeder hat seine Rolle, und häufig treten sie zu dritt auf – der Komiker, der Tragiker, der Dramatiker: Péguy, Kierkegaard, Nietzsche; Aristoteles (ja der Komiker!), Platon, Duns Scotus; Hegel (ja auch er!), Hölderlin und wiederum Nietzsche.

Nie treten sie am selben Platz und mit derselben Identität auf. Bald distanzieren sie sich als Komiker von ihrem düsteren Grund, bald sind sie ihm dramatisch nahe. Hier ist Platon der aufgeblasene Weise, der die gemeinen Trugbilder verjagt, die schlechten Bilder verscheucht und den Anschein vertilgt, welcher das eine Urbild spiegelt und anruft: jene Idee des Guten, die selber gut ist. Aber dort ist der andere Platon fast in Panik, weil er im Schatten Sokrates nicht von höhnenden Sophisten zu unterscheiden weiß.

Was nun das Drama – das Buch selber – betrifft, so hat es wie der Ödipus von Sophokles drei Akte. Zunächst die Hinterhältigkeit der Zeichen: raunendes Murmeln, krächzende Orakel, blinde und vorlaute Seher. Die königliche Hoheit des Subjekts (des einzigen und ewigen Ich) und der Repräsentation (des Durchblicks durch klare Ideen) wird untergraben. Unter der monarchischen, feierlichen, berechnenden Stimme der abendländischen Philosophen, welche die Einheit, die Analogie, die Ähnlichkeit, die Widerspruchslosigkeit an die Herrschaft bringen und die Differenz auf die Negation reduzieren wollten (»was anders als A ist, ist Nicht-A«, wie man uns schon in der Schule beibringt) –, unter dieser hartnäckig angespannten Stimme ist das Knistern des Unstimmigen unüberhörbar. Lauschen wir auf die Wassertropfen, die durch Leibnizens Marmor rieseln. Schauen wir, wie das Knacken der Zeit das Kantische Subjekt in Zebrastreifen zerlegt.

Und plötzlich, mitten im Buch (Deleuzens Ironie präsentiert ja das göttliche Hinken der Differenz in aller akademischen Form) – plötzlich die Wende. Der Schleier zerreißt: Dieser Schleier ist das Bild, das sich das Denken von sich selber gemacht hatte und das es seine eigene Härte ertragen ließ. Man glaubte, man sagte: Das Denken ist gut und es ist eins wie der gesunde Menschenverstand, auf dem es beruht; das Denken zerstreut den Irrtum, indem es Korn für Korn die Ernte der wahren Sätze sammelt und schließlich zur schönen Pyramide des Wissens aufstapelt.

Sobald aber das Denken von diesem Bild befreit ist, das

es der Souveränität des Subjekts unterwirft, erscheint es oder vielmehr wirkt es so, wie es ist: Böse, paradox und unwillkürlich erhebt es sich an den Extremitäten der verschiedensten Fähigkeiten; ständig muß es gegen die Faszination der Dummheit ankämpfen; es ist von der Gewalt der Probleme unterworfen, gezwungen und eingezwängt; von hell-scharfen wie von dunkel-tiefen Ideen durchblitzt.

Halten wir die Wandlungen fest, die Deleuze in der guten alten Stube der Philosophie anrichtet: Aus dem gesunden Menschenverstand wird Häresie; aus der ruhigen Mitte extreme Spannung und Zuspitzung; aus der Beschwörung des Irrtums die Faszination durch die Dummheit; aus dem Klaren und Deutlichen das Deutlich-Dunkel. Halten wir vor allem die große Umwertung des Lichtes fest: Das Denken ist nicht mehr ein offener Blick auf Formen, die in ihrer Identität hell und fest sind; das Denken ist Tat, Sprung, Tanz, äußerstes Abseits, gespannte Dunkelheit. Es ist das Ende der Philosophie der Repräsentation. *Incipit philosophia differentiae.*

Es kommt der Augenblick des Irrens. Nicht wie Ödipus, der arme König ohne Zepter, der von innen erleuchtete Blinde, umhergeirrt ist, sondern das Irren auf dem düsteren Fest der gekrönten Anarchie. Jetzt vermag man die Differenz und die Wiederholung zu denken. Nicht sie sich vorzustellen, sondern sie herzustellen und auszuspielen. Auf dem Gipfel seiner Intensität ist das Denken selber Differenz und Wiederholung. Es läßt auseinanderfallen, was die Repräsentation zu vereinen suchte; es spielt mit der endlosen Wiederholung, deren Ursprung zu suchen sich die Metaphysik in den Kopf setzte. Es geht nicht mehr um die Frage: Was unterscheidet sich wovon? Welche Arten grenzt die Differenz ab und welche größere anfängliche Einheit teilt sie auf? Es geht darum, die Analogie oder die Identität als Überdeckung der Differenz und der Differenz der Differenzen zu denken; und die Wiederholung ohne Ursprung und nicht als Wiederkehr des Selben zu denken.

Zu denken sind eher Intensitäten als Qualitäten und Quantitäten; eher Tiefen als Längen und Breiten; eher Individuierungsbewegungen als Arten und Gattungen; und tausend kleine Larvensubjekte, tausend kleine aufgelöste Ichs, tausend Passivitäten und Durcheinander, wo gestern das souveräne Subjekt herrschte. Man hat sich im Abendland immer geweigert, die Intensität zu denken. Zumeist hat man sie im Meßbaren und im Spiel der Gleichheiten aufgehen lassen. Bergson hat sie aufs Qualitative und Kontinuierliche reduziert. Deleuze befreit sie nun mit und in einem Denken, welches das höchste, das schärfste und intensivste sein wird.

Man täusche sich nicht. Die Intensität denken – mit ihren freien Differenzen und ihren Wiederholungen – ist keine geringfügige Revolution in der Philosophie. Hier wird das Negative (als Reduktion des Differenten auf null und nichts) zurückgewiesen; mit einem Mal werden also die Philosophien der Identität und der Kontradiktion verworfen; die Metaphysiken *und* die Dialektiken, Aristoteles *und* Hegel; geschmälert wird das Ansehen des Wiedersehens (das es dem Wissen gestattet, unter den verschiedenen Wiederholungen die Identität wiederzufinden und aus der Differenz immer wieder den gemeinsamen Kern herauszuschälen); mit einem Schlag werden die Philosophien der Evidenz und des Bewußtseins abgewiesen; Husserl nicht weniger als Descartes. Verworfen wird schließlich der große Fetisch des Selben, der von Platon bis Heidegger die abendländische Metaphysik in seinen Bannkreis gezogen hat.

Machen wir uns frei, um denken und lieben zu können, was sich in unserem Universum seit Nietzsche mit Donnerrollen ankündigt: ungebändigte Differenzen und ursprunglose Wiederholungen, die unsern alten erloschenen Vulkan erschüttern; die seit Mallarmé die Literatur gesprengt haben; die den Raum der Malerei zerklüftet und vervielfältigt haben (mit Rothkos Teilungen, Nolands Streifen, Warhols Serien); die seit Webern die feste Linie der Musik endgültig gebrochen haben; die alle Zeitenbrüche unserer Welt ankünden. Endlich ist es möglich, die Differenzen des Heute zu denken, das Heute als Differenz der Differenzen zu denken.

Das Buch von Deleuze ist das wundersame Theater, in dem die ständig neuen Differenzen, die wir sind, die wir machen, zwischen denen wir herumirren, gespielt werden. Es ist seit langem das einzigartigste, das differenteste Buch, in dem die Differenzen, die uns durchkreuzen und zerstreuen, am besten wiederholt werden. Theater des Jetzt.

Eine neue Lebenskunst

Einführung in den *Anti-Ödipus*

In den Jahren zwischen 1945 und 1965 (ich beziehe mich hier auf Europa) gab es eine bestimmte Art und Weise, richtig zu denken, einen bestimmten Stil des politischen Diskurses, eine bestimmte Ethik des Intellektuellen. Man mußte wohlvertraut sein mit Marx, man durfte seine Träume nicht allzu weit von Freud abirren lassen. Und Zeichensysteme – den Signifikanten – hatte man mit größtem Respekt zu behandeln. Dies waren die drei Anforderungen, die aus der seltsamen Beschäftigung des Schreibens und Sprechens ein Maß der Wahrheit über einen selbst machten und die einen seine Zeit annehmbar finden ließen.

Dann kamen die fünf kurzen, leidenschaftlichen, frohlockenden, rätselhaften Jahre. Vor den Toren unserer Welt lag natürlich Vietnam, und für die existierenden Mächte kam es zur ersten großen Niederlage. Aber hier, im Inneren unserer Mauern, was ging hier wirklich vor? War es ein Amalgam revolutionärer und antirepressiver Politik? Ein Zweifrontenkrieg gegen gesellschaftliche Ausbeutung und psychische Repression? Oder eine vom Klassenkampf modulierte Libidobrandung? Vielleicht. Auf jeden Fall ist es diese familiäre, dualistische Interpretation, die die Erklärung der Ereignisse jener Jahre gepachtet zu haben scheint. Der Traum, der zwischen dem Ersten Weltkrieg und dem Faschismus die verträumtesten Teile Europas verzaubert – das Deutschland Wilhelm Reichs und das Frankreich der Surrealisten –, war zurückgekehrt und setzte die Realität selbst in Brand: Marx und Freud im selben gleißenden Licht.

Aber war es wirklich das, was geschah? War das utopische Programm der dreißiger Jahre wieder aufgenommen worden, diesmal im Maßstab historischer Praxis? Oder vollzog sich nicht vielmehr eine Bewegung für politische Kämpfe, die nicht länger dem Modell entsprach, das die marxistische Tradition verordnet hatte? Für ein Experimentieren und eine Technologie des Wunsches, die nicht länger freudianisch waren? Es ist wahr, die alten Fahnen wurden gehißt; doch der Kampf hat sich verlagert und auf neue Zonen ausgeweitet.

Der *Anti-Ödipus* zeigt zunächst, welche Strecke zurückgelegt worden ist. Aber er unternimmt noch weit mehr. Er verschwendet keine Zeit mit der Beschimpfung der alten Idole – auch wenn er eine ganze Menge Spaß an Freud hat. Am wichtigsten ist aber, daß er uns motiviert, weiter zu gehen.

Es wäre ein Fehler, den *Anti-Ödipus* als *die* neue theoretische Referenz zu lesen (also als die feierlich angekündigte Theorie, die endlich alles unter Dach und Fach bringt, die endlich totalisiert und beruhigt, als die Theorie, die wir in unserer Zeit der Auflösung und Spezialisierung, in der es uns an »Hoffnung« fehlt, angeblich »so dringend benötigen«). Inmitten des außerordentlichen Überflusses neuer Vorstellungen und überraschender Begriffe darf man nicht nach einer »Philosophie« Ausschau halten: Der *Anti-Ödipus* ist kein aufdringlicher Hegel.

Ich denke, am besten kann der *Anti-Ödipus* wie eine »Kunst« gelesen werden, in dem Sinn, in dem man z.B. von einer »Kunst der Erotik« spricht.

Belebt durch die scheinbar abstrakten Vorstellungen der Vielheiten, Ströme, Anordnungen und Konnexionen, liefert die Analyse der Beziehungen des Wunsches zur Realität und zur kapitalistischen »Maschine« Antworten auf konkrete Fragen. Fragen, die sich weniger darum drehen, *warum* dies oder jenes zu tun ist, als vielmehr darum, *wie* man weiterkommt. Wie bringt man den Wunsch ins Denken ein, in den Diskurs, in die Aktion? Wie kann und muß der Wunsch seine Kräfte im politischen Bereich entfalten und im Prozeß des Umsturzes der etablierten Ordnung intensiver werden? *Ars erotica, ars theoretica, ars politica.*

Daher die drei Gegner, denen der *Anti-Ödipus* entgegentritt. Drei Gegner, die nicht gleich stark sind, die unterschiedlich gefährlich sind und die das Buch in verschiedener Weise bekämpft:

1. Die politischen Asketen, die traurigen Militanten, die Terroristen der Theorie, diejenigen, die die reine Ordnung der Politik und des politischen Diskurses bewahren möchten. Bürokraten der Revolution und Beamte der Wahrheit.

2. Die armseligen Techniker des Wunsches – Psychoanalytiker und Semiologen jedes Zeichens und Symptoms –, die die Vielheit des Wunsches unter das Joch des doppelten Gesetzes der Struktur und des Mangels zwingen möchten.

3. Der Hauptfeind, der strategische Gegner ist nicht zuletzt der Faschismus (während der Widerstand, den der *Anti-Ödipus* den beiden anderen gegenüber leistet, mehr von der Art eines taktischen Engagements ist). Und nicht nur der historische Faschismus, der Faschismus Hitlers und Mussolinis – der fähig war, den Wunsch der Massen so wirksam zu mobilisieren und in seinen Dienst zu stellen –, sondern auch der Faschismus in uns allen, in unseren Köpfen und in unserem alltäglichen Verhalten, der Faschismus, der uns die Macht lieben läßt, der uns genau das begehren läßt, was uns beherrscht und ausbeutet.

Ich würde sagen, der *Anti-Ödipus* (mögen seine Autoren mir vergeben) ist ein ethisches Werk, das erste Ethikbuch, das in Frankreich seit sehr langer Zeit geschrieben worden ist (das erklärt vielleicht, warum sein Erfolg nicht auf einen besonderen »Leserkreis« beschränkt war: antiödipal zu sein, ist ein Lebensstil geworden, eine Art und Weise zu denken und zu leben). Wie kann man sich davor bewahren, Faschist zu sein, auch (und besonders dann) wenn man sich für einen revolutionären Militanten hält? Wie können wir unser Sprechen und unser Tun, unsere Herzen und unsere Lüste vom Faschismus befreien? Wie können wir den in unserem Verhalten eingewurzelten Faschismus aufstöbern? Die christlichen Moralisten forschten nach den tief in die Seele eingelagerten Spuren des Fleisches. Deleuze und Guattari verfolgen die leisesten Spuren des Faschismus im Körper.

Dem heiligen Franz von Sales (ein Priester des 17. Jahrhunderts, Bischof von Genf, bekannt für seine *Introduction à la vie dévote*[20]) bescheidene Hochachtung erweisend, könnte man sagen, daß der *Anti-Ödipus* eine *Einführung in das nicht-faschistische Leben* ist.

Diese Lebenskunst gegen alle schon vorhandenen oder drohenden Formen des Faschismus schließt eine bestimmte Anzahl wesentlicher Prinzipien ein, die ich folgendermaßen zusammenfassen würde, hätte ich aus diesem großartigen Werk ein Handbuch oder einen Leitfaden des Alltagslebens zu machen:

– Befreie die politische Aktion von jeder vereinheitlichenden und totalisierenden Paranoia!

– Entfalte Aktion, Denken und Wünsche durch Proliferation, Juxtaposition und Disjunktion – und nicht durch Unterteilung und pyramidale Hierarchisierung!
– Verweigere den alten Kategorien des Negativen (Gesetz, Grenze, Kastration, Mangel, Lücke), die das westliche Denken so lange als eine Form der Macht und einen Zugang zur Realität geheiligt hat, jede Gefolgschaft! Gib dem den Vorzug, was positiv ist und multipel, der Differenz vor der Uniformität, den Strömen vor den Einheiten, den mobilen Anordnungen vor den Systemen! Glaube daran, daß das Produktive nicht seßhaft ist, sondern nomadisch!
– Denke nicht, daß man traurig sein muß, um militant sein zu können – auch dann nicht, wenn das, wogegen man kämpft, abscheulich ist! Es ist die Konnexion des Wunsches mit der Realität (und nicht sein Rückzug in Repräsentationsformen), die revolutionäre Kraft hat.
– Gebrauche das Denken nicht, um eine politische Praxis auf Wahrheit zu gründen – und ebensowenig die politische Aktion, um eine Denklinie als bloße Spekulation zu diskreditieren! Gebrauche die politische Praxis als Intensifikator des Denkens und die Analyse als Multiplikator der Formen und Bereiche der Intervention der politischen Aktion!
– Verlange von der Politik nicht die Wiederherstellung der »Rechte« des Individuums, so wie die Philosophie sie definiert hat! Das Individuum ist das Produkt der

Macht. Viel nötiger ist es, zu »ent-individualisieren«, und zwar mittels Multiplikation und Verschiebung, mittels diverser Kombinationen. Die Gruppe darf kein organisches Band sein, das hierarchisierte Individuen vereinigt, sondern soll ein dauernder Generator der Ent-Individualisierung sein.

– Verliebe Dich nicht in die Macht!

Man könnte sogar behaupten, daß Deleuze und Guattari sich so wenig um die Macht scheren, daß sie versucht haben, die Effekte der Macht, die mit ihrem eigenen Diskurs verbunden sind, zu neutralisieren. Deshalb die im ganzen Buch verstreuten Spiele und Schnurren, die seine Übersetzung wahrlich zu einem Husarenstück machen. Aber das sind nicht die vertrauten Fallstricke der Rhetorik; das ist kein neuer Apparat, um den Leser zu lenken, ohne daß er der Manipulation gewahr wird, und ihn schließlich gegen seinen Willen herumzukriegen. Die Fallen des *Anti-Ödipus* sind die des Humors: so viele Einladungen, sich provozieren zu lassen, den Text hinzuwerfen und die Tür hinter sich zuzuknallen. Oft läßt das Buch einen glauben, alles sei Spaß und Spiel, während etwas Wesentliches vorgeht, etwas von äußerstem Ernst: das Aufspüren aller Arten von Faschismus, angefangen bei den enormen Faschismen, die uns einkreisen und überfahren, bis hin zu den winzigen, die die tyrannische Bitterkeit unseres alltäglichen Lebens ausmachen.

Die sorge um die wahrheit

Interview (1984)

Der Wille zum Wissen sollte eine vielbändige *Geschichte der Sexualität* einleiten. Erst jetzt erscheint die Folge: acht Jahre später und nach einem ganz anderen als dem angekündigten Plan.

Ich habe meine Ansicht geändert. Eine Arbeit, die nicht auch ein Versuch ist, das, was man denkt, und selbst das, was man ist, zu modifizieren, ist nicht sehr lustig. Ich hatte begonnen, zwei Bände gemäß meinem ursprünglichen Plan zu schreiben: aber sehr bald wurde es mir langweilig. Es war unklug meinerseits und widersprach meinen Gepflogenheiten.

Warum haben Sie es überhaupt getan?

Aus Trägheit. Ich habe gemeint, es würde eine Zeit kommen, da ich im vorhinein wissen würde, was ich sagen möchte, und ich es nur noch zu sagen hätte. Es war ein

Altersreflex. Ich bildete mir ein, endlich zu der Reife gelangt zu sein, da man nur noch das abzuspulen hat, was man im Kopf hat. Es war zugleich eine Anmaßung und eine Resignation. Arbeiten aber heißt: unternehmen, etwas anderes zu denken, als man zuvor dachte.

Der Leser hat sich darauf verlassen.

Dem Leser gegenüber habe ich ein wenig Skrupel und zugleich einiges Zutrauen. Der Leser ist wie der Hörer einer Vorlesung. Er merkt genau, ob einer gearbeitet hat oder sich damit begnügt zu erzählen, was er im Kopf hat. Mag sein, daß er enttäuscht sein wird – aber nicht deswegen, weil ich etwas anderes sage, als ich schon gesagt habe.

Der Gebrauch der Lüste und *Die Sorge um sich* machen den Eindruck einer »positiven« Historikerarbeit, einer Systematisierung der Sexualmoralen der Antike. Handelt es sich darum?

Es handelt sich um Historikerarbeit, aber wie bei meinen anderen Büchern geht es um Geschichte des Denkens. Historie des Denkens: Das heißt nicht einfach Historie der Ideen oder der Vorstellungen, sondern auch der Versuch, auf diese Frage zu antworten: Wie kann sich ein Wissen konstituieren? Wie kann das Denken, sofern es mit der Wahrheit zu tun hat, auch eine Geschichte haben? Das ist die Frage, die gestellt ist. Ich versuche, mich einem bestimmten Problem zu stellen: Geburt einer Moral,

sofern diese eine Reflexion über die Sexualität, über das Begehren, über die Lust ist.
Wohlgemerkt: Ich schreibe nicht eine Geschichte der Sitten, der Verhaltensweisen, eine Sozialgeschichte der sexuellen Praxis, sondern eine Geschichte der Art und Weise, in der die sexuelle Lust, die Begierden, die Verhalten in der Antike im Zusammenhang mit einer bestimmten Lebenskunst problematisiert, reflektiert und gedacht worden sind. Es ist klar, daß jene Lebenskunst nur von einer kleinen Gruppe von Leuten ins Werk gesetzt worden ist. Es wäre lächerlich zu denken, daß das, was Seneca, Epiktet oder Musonius Rufus über das Sexualverhalten sagen, die allgemeine Praxis der Griechen und der Römer repräsentiert hat. Aber daß jene Dinge über die Sexualität gesagt worden sind, daß sie eine Tradition gebildet haben, die man im Christentum übertragen, verwandelt, umgearbeitet wiederfindet, das konstituiert einen historischen Tatbestand. Das Denken hat gleichermaßen eine Geschichte; das Denken ist eine geschichtliche Tatsache – auch wenn es noch viele andere Dimensionen hat. Insofern gleichen meine neuen Bücher durchaus denen, die ich über den Wahnsinn oder über das Strafwesen geschrieben habe. In *Überwachen und Strafen* wollte ich nicht die Geschichte der Institution Gefängnis schreiben (was ein ganz andersartiges Material sowie eine andere Analyse erfordert hätte). Vielmehr habe ich mich gefragt, wie der Gedanke der Strafe am Ende des 18. und am Beginn des

19. Jahrhunderts eine bestimmte Geschichte gehabt hat. Was ich zu machen versuche, ist die Historie der Beziehungen, die das Denken mit der Wahrheit unterhält: die Historie des Denkens, sofern es Denken der Wahrheit ist. Alle, die sagen, daß für mich Wahrheit nicht existiert, sind einfältige Geister.

Allerdings nimmt die Wahrheit in *Der Gebrauch der Lüste* und *Die Sorge um sich* eine andere Form an als in den vorangegangenen Werken, wo sie die peinliche Form der Unterwerfung, der Vergegenständlichung hatte.

Der Begriff, der seit *Wahnsinn und Gesellschaft* meine Untersuchung leitet (auch wenn er nicht deutlich genug herausgearbeitet worden ist), ist der der *Problematisierung.* Zum Wesentlichen gelangt man eben rücklings; die allgemeinsten Dinge erscheinen zuletzt. Das ist der Preis und der Lohn jeder Arbeit, in der das theoretisch Interessante von einem empirischen Forschungsbereich aus gewonnen wird. In *Wahnsinn und Gesellschaft* ging es um die Frage, wie und warum der Wahnsinn seinerzeit in einer bestimmten institutionellen Praktik und in einem bestimmten Erkenntnisapparat problematisiert worden ist. Desgleichen war in *Überwachen und Strafen* zu analysieren, wie sich die Problematisierung der Beziehungen zwischen Delinquenz und Bestrafung in den Strafpraktiken und Besserungseinrichtungen am Ende des 18. und am Beginn des 19. Jahrhunderts verändert hat. Jetzt geht es

um die Frage: Wie problematisiert sich die sexuelle Aktivität?
Problematisierung heißt nicht Repräsentierung eines schon existierenden Gegenstandes und auch nicht Kreierung eines nicht existierenden Gegenstandes durch den Diskurs, sondern das Ensemble diskursiver oder nicht diskursiver Praktiken, das etwas ins Spiel des Wahren und des Falschen eintreten läßt und es als Gegenstand fürs Denken konstituiert (sei es in der Form der moralischen Reflexion, der wissenschaftlichen Erkenntnis, der politischen Analyse usw.).

Der Gebrauch der Lüste und *Die Sorge um sich* gehören gewiß derselben Problematik an, unterscheiden sich jedoch beträchtlich von den vorangegangenen Arbeiten.

Ich habe tatsächlich die Front gewechselt. Hinsichtlich des Wahnsinns bin ich von dem »Problem« ausgegangen, das er in einem bestimmten sozialen, politischen und epistemologischen Kontext darstellte: von dem Problem, das der Wahnsinn den anderen stellte. Hier bin ich von dem »Problem« ausgegangen, das die sexuelle Lebensführung den Individuen selber stellte (zumindest den Männern in der Antike). In dem einen Fall ging es darum, wie man die Irren »regierte«; jetzt geht es darum, wie man sich selber »regiert«. Aber ich füge gleich hinzu, daß ich im Fall des Wahnsinns versucht habe, von da aus an die Konstituierung der Erfahrung von sich selber als

Irrem heranzukommen – im Rahmen der Geisteskrankheit, der psychiatrischen Praktik und der Asyleinrichtung. Hier möchte ich zeigen, wie die Selbstregierung sich in eine Praktik der Regierung der anderen integriert. Es handelt sich also um zwei umgekehrte Zugänge zu einer Frage: Wie formiert sich eine »Erfahrung«, in der das Verhältnis zu sich und das Verhältnis zu den anderen verbunden sind?

Mir scheint, daß der Leser ein zweifaches Befremden verspüren wird. Das erste gegenüber Ihnen, gegenüber seiner Erwartung von Ihnen …

Wunderbar. Diese Differenz nehme ich gerne und ganz auf mich. Das ist das Spiel.

Das zweite Befremden bezieht sich auf die Sexualität, auf das Verhältnis zwischen Ihrer Beschreibung und unserer eigenen Evidenz der Sexualität.

Die Fremdheit sollte man nicht übertreiben. Es ist wahr, daß es eine bestimmte Meinung bezüglich der Antike und der antiken Moral gibt, die man oft als »tolerant«, liberal und heiter darstellt. Vielen ist gleichwohl bekannt, daß es in der Antike eine strenge und rigorose Moral gegeben hat. Die Stoiker waren für die Ehe und die eheliche Treue, das ist bekannt. Indem ich diese »Strenge« der philosophischen Moral geltend mache, sage ich nichts Außergewöhnliches.

Ich meinte die Fremdheit gegenüber den Themen, die uns in der Analyse der Sexualität vertraut sind: Gesetz und Verbot.

Es handelt sich um ein Paradox, das mich selber überrascht hat, auch wenn ich es im *Willen zum Wissen* schon ein wenig vermutet hatte, indem ich die Hypothese aufstellte, daß man die Konstituierung eines Wissens über die Sexualität nicht bloß von den Mechanismen der Repression aus analysieren kann. Was mich an der Antike überrascht hat, war dies, daß die Punkte, an denen die Reflexion über die sexuelle Lust am aktivsten war, keineswegs die herkömmlichen Verbote waren. Im Gegenteil: Da, wo die Sexualität am freiesten ist, haben die Moralisten der Antike die intensivsten Fragen gestellt und die strengsten Lehren formuliert. Das einfachste Beispiel: Der Status der verheirateten Frauen untersagte ihnen jedes sexuelle Verhältnis außerhalb der Ehe; aber über dieses »Monopol« finden sich kaum philosophische Reflexionen oder theoretische Bemühungen. Hingegen war die Liebe mit Knaben frei (in gewissen Grenzen), und hierzu ist eine ganze Konzeption der Zurückhaltung, der Enthaltsamkeit und des nicht-sexuellen Bandes ausgearbeitet worden. Es ist also nicht das Verbot, das die Problematisierungen erklärt.

Es scheint, daß Sie noch weitergehen, daß Sie den Kategorien des »Gesetzes«, des »Verbots« diejenigen der »Lebenskunst«, der »Selbsttechniken«, der »Existenzstilisierung« entgegensetzen.

Mit den geläufigen Denkmethoden und -schemen hätte ich sagen können, daß gewisse Verbote tatsächlich als solche gesetzt waren und daß andere, diffusere Beschränkungen sich in der Form der Moral ausdrückten. Den von mir behandelten Bereichen und den mir zur Verfügung stehenden Dokumenten entsprach es wohl besser, diese Moral in der Form zu denken, in der sie damals reflektiert worden war, nämlich in der Form einer *Kunst der Existenz*, oder sagen wir lieber einer *Lebenstechnik*. Es ging darum, wie man sein eigenes Leben lenken soll, um ihm die Form zu geben, die die schönstmögliche sein würde (in den Augen der anderen, in den eigenen und in denen künftiger Generationen, denen man als Beispiel dienen kann). Das ist es, was ich rekonstruieren wollte: die Formierung und die Entwicklung einer Selbstpraktik, die zum Ziel hat, sich selber als Arbeiter an der Schönheit seines eigenen Lebens zu konstituieren.

Die Kategorien der »Lebenskunst« und der »Selbsttechniken« gelten nicht nur für die sexuelle Erfahrung der Griechen und der Römer.

Ich glaube nicht, daß es eine Moral ohne gewisse Selbstpraktiken gibt. Es kommt vor, daß diese Selbstpraktiken an zahlreiche, systematische und zwingende Gesetzesstrukturen angebunden sind. Es kommt sogar vor, daß sie hinter diesen Regeln, die dann als das Wesentliche einer Moral erscheinen, beinahe verschwinden. Es kann aber auch sein, daß Selbstpraktiken den wichtigsten und aktivsten Brennpunkt der Moral bilden und daß sich die Reflexion um sie herum entwickelt. Die Selbstpraktiken nehmen dann die Form einer Selbstkunst an, relativ unabhängig von einer moralischen Gesetzgebung. Das Christentum hat gewiß in der moralischen Reflexion das Prinzip des Gesetzes und die Struktur des Codes verstärkt, auch wenn die Askesepraktiken darin ein großes Gewicht behalten haben.

Unsere moderne Erfahrung der Sexualität beginnt also mit dem Christentum.

Das antike Christentum hat an der antiken Asketik einige wichtige Modifikationen angebracht: Es hat die Gesetzesform intensiviert, es hat aber auch die Selbstpraktiken in die Richtung der Selbsthermeneutik und der Dechiffrierung seiner selbst als Begehrenssubjekt gelenkt. Die Fügung Gesetz-Begehren scheint charakteristisch für das Christentum.

Die Beschreibungen der Disziplinen in *Überwachen und Strafen* hatten uns an die minuziösesten Vorschriften gewöhnt. Es ist sonderbar, daß die Vorschriften der Sexualmoral der Antike ihnen darin gar nicht nachstehen.

Man muß tatsächlich ins Detail gehen. In der Antike waren die Leute sehr aufmerksam auf die Elemente der Lebensführung und sie wollten, daß jeder darauf achte.

Aber die Aufmerksamkeitsweisen waren nicht dieselben wie die, die man später kannte. So hat es den Anschein, daß der Sexualakt selber, seine Morphologie, wie man seine Lust sucht und gewinnt, das »Objekt« des Begehrens kaum ein wichtiges theoretisches Problem in der Antike gewesen sind. Vordringliche Probleme waren hingegen die Intensität der sexuellen Tätigkeit, der Rhythmus, der gewählte Zeitpunkt; ebenso die aktive oder passive Rolle, die man in der Beziehung spielte. So findet man tausend Details über die sexuellen Akte in ihrem Verhältnis zu den Jahreszeiten, zu den Tagesstunden, zur Zeit der Ruhe oder der Übung, oder auch über die Art und Weise, wie sich ein Knabe aufführen muß, um einen guten Ruf zu haben; aber keinen jener Kataloge von erlaubten und verbotenen Akten, die im christlichen Pastoral so wichtig sein werden.

Die verschiedenen Praktiken, die Sie beschreiben: im Verhältnis zum Körper, zur Frau, zu den Knaben – scheinen jede für sich reflektiert zu sein, ohne durch ein strenges System verbunden zu sein. Das ist ein weiterer Unterschied zu Ihren früheren Werken.

Ich habe in einem Buch gelesen, ich hätte die gesamte Erfahrung des Wahnsinns im klassischen Zeitalter auf die Praktik der Internierung reduziert. *Wahnsinn und Gesellschaft* ist aber gerade auf der These aufgebaut, daß es zumindest zwei voneinander unterschiedene Erfahrungen des Wahnsinns gab: Die eine war die Internierung, die andere war eine medizinische Praktik und hat weit zurückliegende Ursprünge. Daß man verschiedene (gleichzeitige oder aufeinanderfolgende) Erfahrungen von einer Sache haben kann, ist nichts Außerordentliches.

Die Architektur Ihrer letzten Bücher läßt ein wenig an das Inhaltsverzeichnis der *Nikomachischen Ethik* denken. Sie untersuchen eine Praktik nach der anderen. Was verbindet nun das Verhältnis zum Körper, das Verhältnis zum Haus und zur Frau, das Verhältnis zum Knaben?

Ein bestimmter Stil von Moral: die *Selbstbeherrschung.* Die sexuelle Aktivität wird als Gewaltsamkeit vorgestellt, wahrgenommen, und folglich wird sie unter dem Gesichtspunkt problematisiert, daß es schwierig ist, sie zu kontrollieren. Die Hybris ist fundamental. In dieser Ethik muß man sich Lebensführungsregeln zusammenstellen, dank derer man die Selbstbeherrschung sicherstellen kann, die sich auf drei Ordnungen bezieht: 1. Das Verhältnis zum Körper und das Problem der Gesundheit; 2. das Verhältnis zu den Frauen, eigentlich zur Frau und Gattin, sofern die Gatten zum selben Haus gehören; 3. das Verhältnis zu den besonderen Individuen, die die Heranwachsenden sind und die fähig sind, eines Tages freie Bürger zu werden. In diesen drei Bereichen nimmt die Selbstbeherrschung unterschiedliche Formen an. Anders als das mit dem »Fleisch« und mit der »Sexualität«

der Fall sein wird, gibt es aber keine die Bereiche vereinheitlichende Ordnung. Zu den großen Transformationen, die das Christentum herbeiführen sollte, wird die gehören, daß die Ethik des Fleisches gleichermaßen bei den Männern wie bei den Frauen gilt. Dagegen ist in der antiken Moral die Selbstbeherrschung ein Problem nur für das Individuum, das Herr seiner selber und Herr der anderen sein muß. Aus diesem Grunde betrifft diese Ethik nur die Männer und deshalb hat sie auch nicht die gleiche Form, je nachdem, ob es um die Beziehungen zu seinem eigenen Körper oder zur Gattin oder zu Knaben geht.

Von diesen Arbeiten aus gesehen scheint die Frage der sexuellen Befreiung keinen Sinn zu haben.

Man kann sagen, daß man es in der Antike mit einem Willen zur Regel, einem Willen zur Form, einer Suche nach Strenge zu tun hat. Wie hat er sich gebildet? Ist dieser Wille zur Strenge nichts anderes als die Übersetzung eines grundlegenden Verbots? Oder haben sich die Verbote aus ihm heraus entwickelt?

Soll damit die herkömmliche Auffassung der Beziehungen zwischen Sexualität und Untersagung umgekehrt werden?

In Griechenland gab es grundlegende Verbote. Beispielsweise das Inzestverbot. Aber sie zogen die Aufmerksamkeit der Philosophen und der Moralisten nur wenig auf sich – im Vergleich zur großen Sorge, die Selbstbeherrschung zu wahren. Wenn Xenophon die Gründe für das Verbot des Inzests erörtert, dann erklärt er, daß, wenn man seine Mutter heiratete, der Altersunterschied so groß wäre, daß die Kinder nicht schön und gesund sein könnten.

Sophokles scheint aber anders gesprochen zu haben.

Das Interessante ist, daß dieses schwere und wichtige Verbot im Herzen einer Tragödie stehen kann. Aber es steht nicht im Zentrum der moralischen Reflexion.

Warum befragen Sie jene Epochen, die doch sehr fern sind?

Ich gehe von einem Problem aus, wie es sich aktuell stellt, und versuche, seine Genealogie zu machen. Genealogie heißt, daß ich die Analyse von einer gegenwärtigen Frage aus durchführe.

Was ist nun hier die gegenwärtige Frage?

Lange Zeit haben sich einige gedacht, daß die Strenge der sexuellen Gesetze, wie wir sie kennen, für die sogenannten »kapitalistischen« Gesellschaften unabdingbar ist. Nun hat sich aber die Aufhebung der Gesetze und die Verschiebung der Verbote leichter vollzogen, als man geglaubt hatte (was anzuzeigen scheint, daß sie in etwas anderem wurzeln, als man gedacht hatte); und das Problem einer Ethik der Form, die man seinem Verhalten und seinem Leben zu geben hat, hat sich von neuem gestellt. Man täuschte sich, wenn man glaubte, daß die ganze Moral in den Verboten liegt und deren Aufhebung für sich schon die Frage der Ethik löst.

Sie haben also Ihre Bücher für die Befreiungsbewegungen geschrieben?

Nein, nicht für, sondern im Hinblick auf eine aktuelle Situation.

Zu *Überwachen und Strafen* haben Sie gesagt, daß es Ihr erstes Buch war. Könnte man das nicht noch zutreffender anläßlich des Erscheinens von *Der Gebrauch der Lüste* und *Die Sorge um sich* sagen?

Ein Buch schreiben heißt in gewissem Sinn das Vorhergehende eliminieren. Aber schließlich merkt man (zu seiner Bestätigung und Enttäuschung), daß das, was man gemacht hat, dem ziemlich nahe ist, was man schon geschrieben hatte.

Sie sprechen davon, »sich von sich selber loszumachen«. Weshalb eigentlich so ein sonderbares Verlangen?

Was kann die Ethik eines Intellektuellen sein – ich nehme diesen Titel in Anspruch, obwohl im Augenblick einige seiner überdrüssig zu sein scheinen –, wenn nicht dies: sich ständig instandsetzen, sich von sich selber loszumachen (was das Gegenteil eines Konvertiten ist)? Hätte ich ausschließlich ein Universitätsmensch sein wollen, so wäre es gewiß klüger gewesen, mir einen einzigen Bereich zu wählen, in dem ich meine Tätigkeit entfaltet hätte, indem ich eine bestimmte Problematik akzeptiert hätte, um sie entweder zu entwickeln oder an gewissen Punkten zu modifizieren. Ich hätte dann Bücher schreiben können wie diejenigen, an die ich gedacht habe, als ich im *Willen zum Wissen* sechs Bände einer Geschichte der Sexualität ankündigte: von vornherein wissend, was ich will und wohin ich gehen will. Gleichzeitig ein Universitätsmensch und ein Intellektueller sein heißt versuchen, eine an der Universität gelehrte und eingebürgerte Wissens- und Analyseart so agieren zu lassen, daß nicht nur das Denken der anderen, sondern auch das eigene modifiziert wird. Diese Arbeit der Modifizierung seines eigenen Denkens und desjenigen der anderen scheint mir der Daseinsgrund der Intellektuellen zu sein.

Sartre vermittelte wohl eher den Eindruck eines Intellektuellen, der sein Leben damit verbrachte, eine grundlegende Intuition zu entfalten. Der Wille, »sich von sich loszumachen«, scheint Sie besonders auszuzeichnen.

Ich möchte nicht sagen, daß das eine Eigentümlichkeit von mir ist. Aber worauf ich Wert lege, ist, daß diese Veränderung nicht die Form einer plötzlichen Erleuchtung annimmt, die »die Augen öffnet«, und ebensowenig die einer Durchlässigkeit für alle Bewegungen der Konjunktur. Ich möchte, daß es eine Erarbeitung seiner selber durch sich selber sei, eine aufmerksam-sorgfältige Umformung, eine langsame und langwierige Modifikation durch beständige Sorge um die Wahrheit.

Die vorhergehenden Werke haben Sie als Denker der Einsperrung, der unterworfenen, gezwungenen und disziplinierten Subjekte erscheinen lassen. *Der Gebrauch der Lüste* und *Die Sorge um sich* zeichnet das ganz unterschiedliche Bild von freien Subjekten. Es scheint, daß da eine wichtige Modifikation in Ihrem eigenen Denken liegt.

Man müßte auf das Problem der Beziehungen des Wissens und der Macht zurückkommen. Ich glaube, daß ich in den Augen des Publikums derjenige bin, der gesagt hat, daß das Wissen mit der Macht eins ist, daß es nur eine dünne Maske über den Herrschaftsstrukturen ist und daß diese immer Unterdrückung, Einsperrung usw. sind. Auf diesen Punkt würde ich mit einem Lachen antworten. Hätte ich gesagt oder sagen wollen, daß das Wissen die Macht ist, so hätte ich es gesagt und dann hätte ich nichts weiter zu sagen gehabt, denn wenn ich sie identifiziert hätte, hätte ich mich nicht mehr anstrengen müssen, ihre verschiedenen Beziehungen aufzuzeigen. Ich habe mich gerade befleißigt zu sehen, wie gewisse Machtformen desselben Typs unterschiedliche Wissen veranlassen konnten, die sich sowohl in ihrem Objekt wie in ihrer Struktur voneinander abheben. Nehmen wir das Beispiel der Spitalsstruktur: Sie hat die psychiatrische Internierung ermöglicht, der die Formierung eines psychiatrischen Wissens entsprach, dessen epistemologische Struktur zu einiger Skepsis Anlaß bietet. Aber in einem anderen Buch, in der *Geburt der Klinik*, habe ich zu zeigen versucht, wie sich in derselben Spitalsstruktur ein anatomisch-pathologisches Wissen entwickelt hat, das eine Medizin von ganz anderer wissenschaftlicher Fruchtbarkeit begründet hat. Psychiatrische Internierung und medizinische Hospitalisierung sind also benachbarte Machtstrukturen bzw. Institutionsformen, an die unterschiedliche Wissensformen gebunden sind, zwischen denen man Verhältnisse, Beziehungen der Bedingung und nicht der Verursachung und schon gar nicht der Identität feststellen kann. Diejenigen, die sagen, daß für mich das Wissen die Maske der Macht ist, scheinen mir nicht die Fähigkeit zum Verstehen zu haben. Es ist ihnen kaum zu antworten.

Was zu tun Sie im Moment gleichwohl für nützlich halten.

Was zu tun ich tatsächlich jetzt wichtig finde.

Ihre beiden letzten Werke markieren einen Übergang von der Politik zur Ethik. Bei dieser Gelegenheit wird man von Ihnen sicher eine Antwort auf die Frage erwarten: Was muß man tun? Was muß man wollen?

Die Rolle eines Intellektuellen ist nicht, den anderen zu sagen, was sie zu tun haben. Mit welchem Recht täte er es? Erinnern Sie sich an all die Prophezeiungen, Versprechungen, Einschärfungen und Programme, die die Intellektuellen im Lauf der letzten zwei Jahrhunderte formuliert haben und deren Wirkung man nun gesehen hat. Die Arbeit eines Intellektuellen besteht nicht darin, den politischen Willen der anderen zu modellieren. Sondern durch die Analysen, die er in seinen Bereichen anstellt, die Evidenzen und die Postulate wieder zu befragen, die Gewohnheiten des Handelns und des Denkens aufzurütteln, die eingebürgerten Selbstverständlichkeiten zu sprengen, die Regeln und die Institutionen neu zu vermessen und von dieser Reproblematisierung aus (in der er sein spezifisches Intellektuellenhandwerk ausübt) an der Bildung eines politischen Willens teilzunehmen (in welcher er seine Staatsbürgerrolle zu spielen hat).

In letzter Zeit hat man den Intellektuellen häufig ihr Schweigen vorgeworfen.

Selbst zur Unzeit ist nicht in diese Kontroverse einzutreten, deren Ausgangspunkt eine Lüge war. Aber das Faktum jener Kontroverse entbehrt nicht eines gewissen Interesses. Man muß sich fragen, warum die Sozialisten und die Regierung sie eingeleitet oder aufgegriffen haben und dabei Gefahr liefen, zwischen ihnen und einer beträchtlichen linken Meinung eine ihnen nicht dienliche Kluft offenkundig werden zu lassen. An der Oberfläche und bei einigen war in eine Feststellung ein Befehl gekleidet: »Ihr schweigt.« Mochte heißen: »Da wir euch nicht hören wollen, haltet den Mund!« Aber ernsthafter war es ein Vorwurf, in dem eine Bitte und eine Klage steckte: »Sagt uns doch etwas von dem, was wir so nötig haben! Als wir unser Wahlbündnis mit den Kommunisten unter solchen Schwierigkeiten besorgen mußten, konnten wir natürlich nicht die geringste Rede führen, die nicht orthodox sozialistisch und für sie akzeptabel war. Es gab zwischen ihnen und uns genug Mißverständlichkeiten. Damals hattet ihr also still zu sein und euch von uns im Sinne unseres Bündnisses als alternative, amerikanische oder kalifornische Linke traktieren zu lassen. Seit wir aber an der Regierung sind, haben wir es nötig, daß ihr sprecht. Und daß ihr uns eine Rede zu zwei Zwecken liefert: Einmal hätte sie die Solidität einer linken Meinung um uns herum zu manifestieren (womöglich sollte es eine Rede der Treue sein, aber wir hätten uns auch mit der Schmeichelei von Höflingen begnügt); aber eure Rede hätte auch ein – ökonomisches und politisches – Reales aussprechen müssen, das wir seinerzeit aus unserer Rede sorgfältig herausgehalten hatten. Es wäre nötig gewesen, daß andere neben uns einen Diskurs der gouvernementalen Rationalität führen, der weder der lügnerische unseres Bündnisses noch der brutale unserer Gegner (den wir heute selber führen) gewesen wäre. Wir wollten euch ins Spiel wiedereinführen; aber ihr habt uns auf dem Halbtrockenen sitzen lassen – und jetzt sitzt ihr auf dem Trockenen.« Worauf die Intellektuellen antworten könnten: »Als wir euch drängen wollten, eure Rede zu ändern, habt ihr uns im Namen eurer obsoletesten Slogans verurteilt. Und jetzt, da ihr die Front wechselt, unter dem Druck eines Realen, das wahrzunehmen ihr nicht fähig wart, verlangt ihr von uns, euch nicht das Denken zu liefern, mit dem ihm zu begegnen wäre, sondern die Rede, die euren Wechsel maskiert. Das Übel kommt nicht, wie man gesagt hat, daher, daß die Intellektuellen aufgehört haben, Marxisten zu sein, als die Kommunisten an die Macht kamen, sondern daher, daß die Skrupel eures Bündnisses euch daran gehindert haben, rechtzeitig mit den Intellektuellen die Denkarbeit zu tun, die euch instandgesetzt hätte zu regieren. Anders zu regieren als mit euren veralteten Schlagwörtern und den kaum erneuerten Techniken der anderen.«

Gibt es eine gemeinsame Linie in den verschiedenen Interventionen, die Sie zur Politik gemacht haben, besonders im Hinblick auf Polen?

Es geht darum, Fragen betreffend Wahrheit und Falschheit zu stellen. Wenn der Außenminister gesagt hat, daß Jaruselskis Staatsstreich nur Polen angeht – ist das wahr? Ist es wahr, daß Europa so wenig wiegt, daß seine Teilung und die kommunistische Herrschaft, die jenseits einer willkürlichen Linie ausgeübt wird, uns nichts angeht? Ist es wahr, daß die Verweigerung der elementaren Gewerkschaftsfreiheiten in einem sozialistischen Land nichts bedeutet in einem Land, das von Sozialisten und Kommunisten regiert wird? Wenn es wahr ist, daß die Regierungsbeteiligung der Kommunisten ohne Einfluß auf die großen Entscheidungen der Außenpolitik ist, was soll man dann von dieser Regierung und von dem Bündnis denken, auf dem sie beruht? Diese Fragen definieren gewiß keine Politik; aber es sind Fragen, auf die diejenigen, die die Politik definieren, antworten müßten.

Entspricht die Rolle, die Sie sich in der Politik geben, dem Prinzip der »freien Rede« (*parrhesía*), das Sie in den letzten zwei Jahren zum Thema Ihrer Vorlesungen gemacht haben?

Nichts ist haltloser als ein politisches Regime, das der Wahrheit gegenüber gleichgültig ist; aber nichts ist gefährlicher als ein politisches System, das die Wahrheit vorzuschreiben beansprucht. Die Funktion des »Wahr-Sagens« hat nicht die Form des Gesetzes anzunehmen – und ebenso eitel wäre es zu glauben, daß sie im freien Spiel der Kommunikation natürlich beheimatet ist. Die Aufgabe des Wahr-Sagens ist eine endlose Arbeit: sie in ihrer Komplexität zu respektieren ist eine Verpflichtung, die sich keine Macht sparen kann. Es sei denn, sie verhängt das Schweigen der Knechtschaft.

Das Interview führte François Ewald

Anmerkungen

[1] Als *Le Monde* im Januar 1980 Foucault um ein längeres Interview bat, das für eine in der Sonntagsbeilage der Zeitung erscheinenden Gesprächsserie mit bekannten Intellektuellen gedacht war, stimmte er unter der Bedingung zu, daß der Text anonym bleiben und alles eliminiert werden solle, was möglicherweise auf ihn als Autor hinweisen könnte. *Le Monde* akzeptierte, und MF erarbeitete und redigierte das Interview mit größter Sorgfalt. Tatsächlich wurde erst publik, wer hinter dem »maskierten Philosoph« steckte, als *Le Monde* Jahre später, nach Foucaults Tod, die ganze Interviewserie in Buchform neu publizierte, sich über die getroffene Verabredung hinwegsetzte und das Gespräch unter Foucaults Namen veröffentlichte.

[2] Antonio Negri, Philosophieprofessor an der Universität Padua, Theoretiker der linksradikalen »Arbeiterautonomie« war zum Zeitpunkt des Interviews wegen Bildung einer subversiven Vereinigung über ein Jahr in Haft, aus der er nach mehr als vier Jahren, Mitte 1983, entlassen wurde, da er inzwischen in die Abgeordnetenkammer gewählt worden war. Als die Bestrebungen, seine Immunität als Abgeordneter aufzuheben, Erfolg hatten, entzog er sich der neuerlichen Haft durch eine Flucht nach Frankreich.

[3] Originalausgabe 1961; *Wahnsinn und Gesellschaft. Eine Geschichte des Wahns im Zeitalter der Vernunft,* aus dem Französischen von Ulrich Köppen, Frankfurt/Main: Suhrkamp 1969

[4] *Der Fall Rivière,* hrsg. von M. Foucault. Materialien zum Verhältnis von Psychiatrie und Strafjustiz, aus dem Französischen v. W. H. Leube, Frankfurt/Main: Suhrkamp 1975

[5] *Archäologie des Wissens,* aus dem Französischen von Ulrich Köppen, Frankfurt/Main: Suhrkamp 1973

[6] Historiker, Autor von *The other Victorians,* einem Werk über die verborgene Seite der puritanischen englischen Gesellschaft.

[7] Deutscher Sexualwissenschaftler, Autor von *Psychopathia sexualis* (1882).
[8] Band 1 von *Sexualität und Wahrheit*, Frankfurt/Main: Suhrkamp 1977
[9] Mouvement pour la liberté de l'avortement et de la contraception (»Bewegung zur Freigabe der Abtreibung und der Empfängnisverhütung«)
[10] »Laßt-sie-leben«, konservative Familienorganisation
[11] Réne Scherer/Guy Hocquenhem, *Co-ire. Kindheitsmythen*, München: Trikont-Verlag 1977
[12] Im Slang der amerikanischen Gayszene ist ein *clone* ein Schwuler, der das Machogehabe und das Outfit von Latinos imitiert.
[13] Lillian Faderman, *Surpassing the love of men*, New York: William Morrow 1980
[14] René Char, *Le visage nuptial*, in: *Fureur et Mystère*, Paris: Gallimard 1948; *Le marteau sans maître*, Paris: J. Corti 1934, 1945
[15] Jean Genet, *Les paravents*, Lyon: L'Arbalète, 1961
[16] Michel Leiris, *Die Spielregel 1. Streichungen*, München: Matthes & Seitz 1982
[17] Auf Deutsch liegt von Raymond Roussel u. a. vor: *Locus Solus*, Neuwied-Berlin: Luchterhand 1968 bzw. Frankfurt/Main: Suhrkamp 1977; *Eindrücke aus Afrika*, München: Matthes & Seitz 1980; *Nouvelles Impressions d'Afrique*, (frz./dt.), München: Edition Text & Kritik 1977; *In Havanna. Ein Romanfragment*, Frankfurt/Main: Qumran 1982. Die Sekundärliteratur erschließt: *Raymond Roussel. Eine Dokumentation*, hg. von Hanns Grössel, München: Edition Text & Kritik 1977.
[18] In: *Raymond Roussel. Eine Dokumentation*, hg. von Hanns Grössel, München: Edition Text & Kritik 1977, S. 102 ff.
[19] Gilles Deleuze, *Differenz und Wiederholung*, München: Fink 1990
[20] *Introduction à la vie dévote* (»Anleitung zu einem frommen Leben«), 1608 erschienen; in der deutschen Theologie häufig als *Philothea* zitiert.

Inhalt

5 *Das Motiv, das mich getrieben hat*
7 Der maskierte Philosoph. Interview
20 Andere Räume
39 Die Macht und die Norm
56 Räderwerke des Überwachens und Strafens. Interview
81 Das Abendland und die Wahrheit des Sexes
90 Nein zum König Sex. Interview
115 Ein ganz harmloses Vergnügen
121 Von der Freundschaft als Lebensweise. Interview
132 Pierre Boulez oder die aufgerissene Wand
139 Raymond Roussel. Ein Vorläufer unserer modernen Literatur
145 Der Ariadnefaden ist gerissen. Über »Differenz und Wiederholung« von Gilles Deleuze
153 Eine neue Lebenskunst. Einführung in den »Anti-Ödipus«
160 Die Sorge um die Wahrheit. Interview
181 *Anmerkungen*

HAUPTWERKE VON MICHEL FOUCAULT

Maladie mentale et personnalité, 1954 (dt.: »Psychologie und Geisteskrankheit«, Frankfurt/M.: Suhrkamp 1968) • Folie et déraison. Histoire de la folie à l'âge classique, 1961 (dt.: »Wahnsinn und Gesellschaft. Eine Geschichte des Wahns im Zeitalter der Vernunft«, Frankfurt/M.: Suhrkamp 1969) • Naissance de la clinique. Une archéologie du regard médical, 1963 (dt.: »Die Geburt der Klinik. Eine Archäologie des ärztlichen Blicks«, München: Hanser 1973) • Le mots et les choses. Une archéologie des sciences humaines, 1966 (dt.: »Die Ordnung der Dinge. Eine Archäologie der Humanwissenschaften«, Frankfurt/M.: Suhrkamp 1971) • L'archéologie du savoir, 1969 (dt.: »Die Archäologie des Wissens«, Frankfurt/M.: Suhrkamp 1973 • Surveiller et punir. Naissance de la prison, 1975 (dt.: »Überwachen und Strafen. Die Geburt des Gefängnisses«, Frankfurt/M.: Suhrkamp 1976) • Histoire de la sexualité 1. La volonté de savoir, 1976 (dt.: »Der Wille zum Wissen. Sexualität und Wahrheit 1«, Frankfurt/M.: Suhrkamp 1977) • Histoire de la sexualité 2. L'usage des plaisirs, 1984 (dt.: »Der Gebrauch der Lüste. Sexualität und Wahrheit 2«, Frankfurt/M.: Suhrkamp 1986) • Histoire de la sexualité 3. Le souci de soi, 1984 (dt.: »Die Sorge um sich. Sexualität und Wahrheit 3«, Frankfurt/M.: Suhrkamp 1996) • Dits et écrits 1954–1988, Bd. 1–4, Paris 1994

TEXTNACHWEISE SHORT CUTS

Motto (zitiert nach: Der Gebrauch der Lüste. Sexualität und Wahrheit 2, Frankfurt/M.: Suhrkamp 1986, S. 15 f.) • Der maskierte Philosoph (»Le philosophe masqué«, in: Le Monde, Le monde-dimanche, 6. 4. 1980) • Andere Räume (»Des espaces autres«, in: Architectures, Mouvement, Continuité, Nr. 5, Oktober 1984) • Die Macht und die Norm (»Le Pouvoir et la norme«, in: Deleuze/Foucault, Mélanges, o. O., o. J.; Vorlesung am Collège de France, 1973) • Räderwerke des Überwachens und Strafens (»Entretien sur la prison: le livre et sa méthode«, in: Magazine littéraire, Heft 101, Juni 1975) • Das Abendland und die Wahrheit des Sexes (»L'occident et la verité du sexe«, in: Le Monde, 5. 11. 1976) • Nein zum König Sex (»Non au sexe roi«, Le Nouvel Observateur, Nr. 644, März 1977) • Ein ganz harmloses Vergnügen (»Un plaisir si simple«, in: Le Gai Pied, Heft 1, April 1979) • Von der Freundschaft als Lebensweise (»De l'amitié comme mode de vie«, in: Gai Pied, Heft 25, April 1981) • Pierre Boulez oder die aufgerissene Wand (»Pierre Boulez, l'écran traversé«, in: M. Colin, J.-P. Leonardini, J. Markowits, Hgg., Dix ans après. Album souvenir du festival d'automne, Paris: Messidor, 1982) • Raymond Roussel. Ein Vorläufer unserer modernen Literatur (»Pourquoi réédite-t-on l'œuvre de Raymond Roussel? Un précurseur de notre littérature moderne«, in: Le Monde, 22. 8. 1964) • Der Ariadnefaden ist gerissen (»Ariane s'est pendue«, in: Le Nouvelle Observateur, Heft 229, März/April 1969) • Eine neue Lebenskunst (»Preface«, in: G. Deleuze, F. Guattari, Anti-Oedipus. Capitalism and Schizophrenia, New York: Viking Press 1977) • Die Sorge um die Wahrheit (»Le souci de la verité«, in: Magazine littéraire, Heft 207, Mai 1984)